왜 온조는 백제를 세웠을까?

교과서 속 역사 이야기, 법정에 서다

03
역사공화국
한국사법정

비류 vs 온조

왜 온조는 백제를 세웠을까?

글 강재광 | 그림 이남고

|주|자음과모음

해양 강국이었던 백제는 중국과 견주어도 뒤떨어지지 않는 찬란한 고대 문화를 꽃피웠습니다. 나아가 그 문화를 신라와 가야 그리고 일본에 전해 주었습니다. 이처럼 백제는 앞선 문화를 이웃 나라에 전파하던 문화의 선도 국가였으며 농업, 불교, 건축 문화의 중심지이기도 했습니다. 고대 일본의 국보급 문화재들 가운데 백제인이 만든 것이 많다는 것은 우리가 이미 다 아는 사실입니다.

그런데 유독 백제에만 건국 신화가 존재하지 않는 이유는 무엇일까요? 나라를 세운 인물을 신으로 대접하고 영웅으로 받들던 부여, 고구려, 신라, 가야와 달리 백제에는 인간 중심적인 짤막한 건국 설화만 전해 내려옵니다. 또한 백제의 건국 시기는 삼국 중에서 가장 늦은 것으로 기록되어 있습니다. 그 이유를 찾고자 저는 며칠 밤을

지새우며 책을 뒤적이는 등 고민에 고민을 해 보았지만 쉽게 해답을 찾을 수 없었습니다.

　박사 학위를 취득한 후 한국사 강의를 시작했던 2007년 여름부터 저는 한국사에서 보이는 작지만 큰 의문점들을 하나하나 추적하기 시작했습니다. 백제라는 국가의 기원에 대해서 남다른 관심을 갖게 된 것은 아마 이때부터였을 겁니다.

　베일에 가려진 미지의 국가, 백제는 나당 연합군에 의해 멸망한 이래 고대 삼국 중에서 가장 심하게 역사가 왜곡되어 오지 않았나 싶습니다. 그 중심에는 건국 설화가 자리 잡고 있고요. 통일신라 시대는 말할 것도 없고, 고구려 중심 사관과 신라 중심 사관이 철저히 대립하였던 고려 시대에도 백제사는 환영받지 못했습니다. 특히『삼국사기』에 온조왕이 고구려 건국 시조인 고주몽의 친아들이었다는 기록이 있어, 백제가 고구려에서 갈라져 나왔으며 고구려는 백제의 부모 국가였다는 인식이 일종의 불문율로 확립되었습니다.

　그러면『삼국사기』의 기록은 모두 맞는 것일까요? 만일 그렇지 않다면 백제의 건국은 어떻게 이해해야 할까요? 저는 이러한 기초적인 의문에서 시작해, 온조와 비류는 왜 고구려를 떠났고, 왜 그들은 따로 도읍지를 정했으며, 진정한 백제의 건국 시조는 그들 중 과연 누구인가 하는 궁극적인 질문에 대해서도 고민하지 않을 수 없었습니다. 그래서 이 책의 제목도 '왜 온조는 백제를 세웠을까'라고 정해 보았습니다. 과거부터 현재까지 백제의 건국과 건국 시조에 관해 전해 내려오는 다양한 견해를 간단명료하게 정리해 보고자 한 것이지요. 정설과 이설을 명확히 대립시켜 독자들이 쉽게 이해할 수 있을 것입니다. 한 걸음 더 나아가 논리적 사고력을 기르고 지적 유희도 맛보길 바랍니다.

우리 꿈나무 어린이들과 청소년들이 이 책을 읽음으로써 우리 역사를 올바로 이해하는 데 도움이 됐으면 좋겠습니다. 그리고 건전한 민주 시민으로 성장해서 대한민국의 미래를 튼튼히 책임져 줄 그때를 간절히 바라 마지않습니다. 어린이와 청소년들에게 국가의 장래가 달렸으며, 그들의 올바른 역사 인식이야말로 이 시대가 바라는 최상의 가치이기 때문입니다. 진정한 역사 발전의 원동력이 그들에게 있다고 확신합니다.

여러모로 많이 부족하고 재주 없는 저를 처음부터 끝까지 물심양면으로 정성껏 도와주신 (주)자음과모음 사장님과 직원 여러분께 진심으로 감사드립니다.

이 책을 수년 전 병마와 싸우다 하늘나라로 먼저 가신 형님께 바칩니다.

강재광

차례

고구려 시조인 주몽의 아들 유리가 부여에서 졸본으로 주몽을 찾아오자, 비류와 온조 형제는 무리를 이끌고 내려와 비류는 지금의 인천인 미추홀에, 온조는 지금의 서울인 위례성에 각각 자리를 잡았다. 뒤에 비류의 세력이 온조의 세력에 흡수되었다.

중학교

역사

II. 삼국의 성립과 발전
 1. 삼국 및 가야의 성장
  (1) 고구려와 백제의 성장

백제는 북쪽에서 내려온 유이민들이 한강 유역의 위례성에 자리 잡으면서 시작되었다. 백제의 건국 설화를 보면 백제 건국을 주도한 세력이 고구려계의 유이민이었음을 짐작할 수 있다.

『삼국사기』의 기록에 의하면 고구려를 건국한 주몽의 아들인 온조가 지금의 서울인 하남 위례성에 백제를 건국하였다. 고구려의 돌무지무덤과 백제의 돌무지무덤의 양식이 비슷한 것으로 보아 백제 세력이 고구려계 유이민이었음을 짐작할 수 있다.

기원전

300   부여 건국
~200년 경

58년   동부여에서 주몽 탄생

57년   신라, 박혁거세 즉위

37년   주몽, 부여에서 내려와 고구려 건국

18년   온조, 하남 위례성에 백제 건국

기원후

3년   고구려, 졸본에서 국내성으로 천도

22년   부여, 고구려의 공격으로 대소왕이 죽고
            그 아우가 갈사국 세움

42년   김수로, 금관가야 건국

65년   신라, 김알지 탄생

167년   부여 왕 부태가 현도군 공격

194년   고구려, 진대법 실시

307년   신라, 국호를 계림에서 신라로 고침

346년   백제, 근초고왕 즉위

410년   고구려, 광개토 대왕이 동부여 정벌

414년   고구려, 장수왕이 광개토 대왕릉비 건립

494년   부여, 고구려에 멸망

기원전

138년   전한, 장건이 비단길 개척

100년   로마, 카이사르 탄생 ------

27년   로마, 옥타비아누스 제정 시작

4년   그리스도 탄생

기원후

54년   로마, 네로 황제 즉위

80년   콜로세움 건설

96년   로마, 오현제 시대 시작

105년   후한, 채륜이 종이 발명

306년   로마, 콘스탄티누스 대제 즉위

313년   로마, 그리스도교 공인

375년   게르만족 대이동 시작

395년   로마 제국, 동서로 분열

476년   서로마 제국 멸망

원고 **비류(? ~ ?, 재위: ? ~ ?)**

저로 말할 것 같으면 백제의 시조이지요. 모르시는 분들이 많겠지만 '백제'라는 이름도 제가 처음 사용했습니다. 부모도 몰라보는 동생 온조 때문에 고민이 많네요.

원고 측 변호사 **김딴지**

나, 김딴지 변호사는 역사에 대한 해박한 지식을 가지고 있으며 잘못된 역사를 바로잡는 데 혼신의 힘을 쏟고 있지요.

원고 측 증인 **우태**

북부여의 왕이자 해부루의 후손, 우태라고 합니다. 졸본 부여로 내려와 소서노와 결혼했지요. 온조가 어렸을 때라 기억을 못하는 것 같은데, 고주몽이 아닌 내가 바로 온조의 아버지입니다.

원고 측 증인 소서노

백제의 국모이자 졸본 부여의 재력가인 연타발의 딸 소서노라고 합니다. 제 이름 한 번쯤 안 들어 본 분 없으시죠? 온조와 비류는 내 아들인 게 확실합니다.

원고 측 증인 낙랑군 태수

한사군 중에서 낙랑군을 통치했던 중국인 최고 관리가 바로 나요. 옛 위만 조선 지역에서 한나라의 식민 통치를 수행한 권력의 핵심 인물이었소.

원고 측 증인 해구(가상 인물)

성은 해고 이름이 구입니다. 졸본 부여의 큰 부자였던 소서노의 아버지 연타발 님을 모신 적이 있고, 비류 왕자를 따라 미추홀에 내려와 평생 그곳에 살면서 장사를 했지요.

원고 측 증인 성왕

백제의 중흥을 이끌었던 제26대 국왕 성왕이오. 백제의 수도를 웅진에서 사비로 옮기면서 나라 이름을 남부여로 고친 바 있지요.

피고 **온조**(? ~ 28년, 재위: 기원전 18년 ~ 28년)

고구려의 정통을 계승한 군주이자 백제의 건국 시조인 온조입니다. 비류 형님이 아무리 우겨도 마한을 멸망시키고 나라를 든든히 세운 내가 진정한 백제 시조이지요.

피고 측 변호사 **이대로**

역사공화국의 명변호사인 이대로입니다. 저는 역사적 진실은 쉽게 변하는 것이 아니라고 생각하지요. 여러분, 기존의 역사적 평가는 다 이유가 있다니까요!

피고 측 증인 **월군녀**

졸본 부여 왕의 둘째 딸로 아버지 뜻에 따라 고주몽과 결혼했지요. 비류와 온조는 내 자식들이 확실한데, 소서노라는 여자가 자꾸 자기가 어머니라고 우기고 다녀서 아주 머리가 아픕니다.

어머니는 예씨 부인이고 아버지는 고주몽이십니다.
나는 고구려 제2대 왕이고요.

졸본 부여에 있을 때부터 떠나올 때까지 온조 님을
그림자처럼 보좌한 충직한 신하, 오간이라고 합니다.

우리나라에서 가장 오래된 역사책인 『삼국사기』
를 지은 나에 대해서 모르는 사람은 없겠죠? 입
아픈 얘기는 더 이상 하지 않는 게 좋겠네요.

"온조는 나, 비류에게 얹혀살다가
겨우 십제를 세웠다고요"

여기는 역사공화국에 있는 구다라 마을. 죽은 백제인들의 영혼이 머물고 있는 곳이다.

마을 이름이 좀 특이하다고 생각하겠지만, '구다라'는 일본 고대어로 '곰의 나라'를 의미한다. 곰의 나라, 그러니까 구다라는 곧 백제를 일컫는 말이다. 그런데 곰의 나라가 왜 백제냐고? 그것은 백제가 단군 신화에 나오는 웅녀(熊女), 즉 '여자가 된 곰'의 후손임을 자처했기 때문이지. 그러니까 백제는 고조선의 정통을 계승한 나라라고 볼 수 있다.

이곳 구다라 마을에선 백제인이라면 누구나 평등하고 자유스럽다. 왕이나 신하나 장군이나 평민, 노비 할 것 없이 자신들의 이야기를 마음대로 할 수 있고, 마음껏 먹고 마시며 즐길 수 있으니까!

구다라 마을의 궁전은 모든 백제인이 마음껏 살 수 있을 정도로 엄청나게 크다. 궁전의 문을 열고 1층으로 들어서면 역대 백제 왕들의 초상화와 진귀한 보물, 그리고 아름다운 문화재들이 즐비하게 널려 있다. 2층에 있는 초대형 스크린에서는 백제인의 위대한 업적들을 담은 영화가 상영된다. 마지막 층인 3층에 올라서면 살아생전 모질었던 고통과 신분의 굴레에서 해방된 사람들이 덩실덩실 춤추고 소리 높여 노래 부르며 풍물을 연주하고 있다. 그야말로 태평성대가 따로 없다.

그러나 구다라 마을에는 딱 한 가지 엄격한 규정이 있다. 그것은 바로 과거의 역사를 바로잡아야 한다는 것! 재산의 많고 적음과 신분의 높고 낮음을 떠나 과거 역사를 올바로 청산한 영혼만이 구다라 마을에 들어와서 영원토록 머물 수 있다.

그리고 구다라 마을의 명물, 김딴지 변호사! 그는 이곳 구다라 마을에서 백제인들이 지나간 역사를 제대로 알고 있는지, 혹시 잘못된 역사를 아직 청산하지 못한 것은 아닌지를 늘 고민하고 있다. 이승에서 왕이었다 할지라도 역사를 왜곡한 죄가 있거나 잘못된 역사를 청산하지 못했다면 어김없이 김딴지 변호사의 레이더망에 걸려든다.

"김딴지 변호사님! 김딴지 변호사님!"

웬 초췌하게 생긴 사람이 김딴지 변호사를 애타게 부르며 달려온다.

"김 변호사님, 너무 억울합니다! 저, 비류는 이렇게 구다라 마을 앞까지 와서 들어가지도 못하고 문전박대를 당하고 있습니다.

도대체 세상의 역사책들은 왜 모조리 내 동생 온조의 편만 드는 것

입니까? '온조가 백제의 건국 시조'라느니, '고구려에서 하남 위례성까지 육로로 이동해 왔다'느니, '미추홀을 거치지 않고 단독으로 십제를 건국했다'느니 하며 제대로 알지도 못하면서 떠들어 댑니다.

온조 녀석, 내 부모님마저 위조하질 않나…… 게다가 자신이 고주몽의 제사를 지내고, 낙랑군을 물리쳤으며, 마한의 대부분을 통합했다고 자랑하고 있으니…… 정말 어처구니가 없습니다. 그것들은 모두 사실이 아닙니다!

왜 온조는 백제를 세웠을까?

하지만 이것뿐이면 내가 한국사법정까지 와서 소송을 걸지는 않을 것입니다. 사람들은 나를 고주몽의 친아들로 몰아붙입니다. 또한 온조의 말을 듣지 않고 미추홀에 도읍하길 고집하다가 얼마 못 가 자살해 버린 한심한 사람으로 알고 있습니다. 온조야말로 나한테 얹혀살다가 옆 동네로 나가 겨우 십제를 세운 건데 말이지요. 역사를 잘못 알아도 정도가 있지요, 너무하지 않습니까? 김 변호사님! 동생 온조를 명예 훼손죄로 법정에 세우고 싶은데 어떻게 안 될까요? 꼭 좀 부탁합니다."

　'자신이 비류 왕자라고 하는 이 사람, 전혀 왕자처럼 보이지 않는다. 게다가 갑자기 무슨 뚱딴지같은 소리를 쏟아 놓고 있는지 모르겠다. 백제 시조 온조가 부모를 위조했다고? 또 온조가 미추홀에서 비류한테 얹혀살았다고? 더구나 온조가 고주몽을 제사한 게 아니고, 마한을 정복한 것도 아니라고? 음, 뭐가 옳고 그른지 정말 헷갈리는군. 만일 이 사람의 말이 옳다면 온조야말로 구속감인데……. 흥미롭군. 슬슬 본격적으로 딴죽을 걸어 볼까?'

　힘든 재판이 예상됐지만, 김딴지 변호사는 비류를 자신의 의뢰인으로 받아들였다.

백제의 시조, 온조? 비류?

　고려의 역사학자 김부식이 당시 왕인 인종의 명을 받아 쓴 『삼국사기』는 삼국 시대의 정사를 담은 역사책입니다. 고려 인종 23년인 1145년에 완성된 책으로 '삼국 시대'라 불리는 1000년 동안의 역사를 담고 있지요. 그중 본기는 고구려 10권, 백제 6권, 신라와 통일 신라 12권으로 이루어져 있습니다. 백제의 역사를 다루고 있는 이 책의 '백제본기'에 시조 부분을 찾아보면 백제의 건국에 관한 내용을 살펴볼 수 있습니다. 그 대략의 내용을 살펴보면 다음과 같지요.

　백제의 시조 온조왕은 아버지가 추모이다. 혹은 주몽이라고도 한다. 주몽은 두 명의 아들을 낳았는데, 맏아들은 비류, 둘째 아들은 온조라고 한다. 그런데 주몽이 북부여에서 낳았던 아들이 이곳에 와서 태자가 되자 비류와 온조는 오간, 마려 등 열 명의 신하와 함께 남쪽 지방으로 떠났다. 비류는 바닷가에 거주하기를 원하였다. 그래서 백성들을 나누어 미추홀로 가서 터를 잡았다. 온조는 하남 위례성에 도읍을 정하고 국호를 십제라고 하였다.
　한편 비류는 미추홀의 토지가 습기가 많고 물에 소금기가 있어 편히 살 수 없다며 위례로 돌아왔고, 이에 국호를 백제로 바꾸었다.

—『삼국사기』 중에서

하지만 이런 주장에 이의를 제기하는 역사가들이 있는 것도 사실입니다. 특히 온조의 형인 비류의 존재를 생각하며 한강 유역의 고고 자료 등을 토대로 백제를 처음 세운 것이 온조가 아니라 비류가 아닐까 하는 의구심을 갖는 사람들이 생긴 것입니다.

『삼국사기』

원고 | 비류	대리인 | 김딴지 변호사
피고 | 온조	대리인 | 이대로 변호사

청구 내용

　내 동생 온조는 자신의 부모마저 위조한 파렴치한 사기꾼이자 불효자입니다. 나는 온조, 백가(百家)와 함께 고구려를 떠나 바닷길로 미추홀에 도착했고 그곳을 도읍으로 정했습니다. 그런데도 온조는 자기가 십신을 거느리고 육지로 남하해서 혼자 하남 위례성에 십제를 건국했다고 우겨 대고 있습니다. 사실 미추홀은 지역 이름이고, 미추홀의 국가 이름은 백제였습니다. 나, 비류가 진짜 백제의 초대 시조인 것이지요. 온조는 미추홀을 통합한 뒤 우리의 국가 이름이었던 '백제'를 냉큼 가져다 쓴 데 불과합니다. 그것에 그치지 않고 백제가 북부여의 동명왕을 제사한 것이 분명한데도 고주몽을 제사했다고 고집을 부리기도 하더군요.

　그럼에도 대부분의 백제 사람들이 온조를 불세출의 영웅이자 유일한 백제 시조라고 추앙합니다. 그리고 고구려의 정통을 계승한 군주라고 칭송하지요. 그러나 나에 대해서는 그저 고집 세고 못나고 능력 없는 인물로만 기억합니다. 이것은 너무나 부당하다고 생각합니다.

　온조의 십제는 본래 우리 미추홀에서 떨어져 나간 세력에 불과하며, 그들이 실력으로 미추홀을 통합한 것도 아니었습니다. 낙랑군이 해상 무역을 막고 군사적 침입을 계속하여 망할 지경에 이르게 되자 우리가 어쩔 수 없이 투항한 것이지요. 그러므로 온조는 통합된 백제의 시조일 수는 있어도 결코 원조 백제 시조는 아닙니다.

나는 '미추홀 백제 죽이기'는 이제 끝나야 한다고 생각하며, 그동안 부정적 평가를 받아 왔던 나 역시 이번에 제대로 판결받아 구다라 마을의 궁전에서 영원토록 편히 쉬고 싶습니다.

입증 자료

- 중학교 역사 교과서
- 고등학교 한국사 교과서
  그 외 자료 추후 제출하겠음.

위 청구인 비류
역사공화국 한국사법정 귀중

온조와 비류는
왜 고구려를 떠났을까?

1. 온조와 비류의 아버지는 누구일까?
2. 온조와 비류의 어머니는 누구일까?
3. 온조와 비류는 왜 고구려 왕이 되지 못했을까?

교과연계

역사
Ⅱ. 삼국의 성립과 발전
  1. 삼국 및 가야의 성장
    (1) 고구려와 백제의 성장

1

온조와 비류의
아버지는 누구일까?

"자네, 비류가 우리 온조 대왕님에 대해 소송을 제기했다는 소문 들었나? 나는 도대체 무슨 소리인지 알 수가 없더군. 혹시 비류가 왕위를 탐내는 건가? 난 비류가 미쳤거나 정신 이상자라고 보네."

"글쎄. 자세히 알 수는 없지만 뭔가 확신하는 게 있으니까 그런 소송을 걸지 않았을까? 지금은 누구의 편도 들 수 없어. 사건의 자초지종을 들어 봐야지."

"모두 조용히 하시고 기립해 주세요. 판사님께서 들어오십니다."

판사가 법정 안으로 들어와 판사석에 앉았다. 판사는 원고 측, 방청석을 번갈아 훑어보고는 말문을 열었다.

판사　　오늘 사건은 무엇입니까? 원고 측 변호인이 간략히 말씀해 주시기 바랍니다.

김딴지 변호사   네, 본 사건에 대해서 간략히 말씀드리겠습니다. 이번 사건은 비류와 온조 중 누가 먼저, 어떻게 백제를 세웠는지를 가리자는 것입니다.

판사   흠…… 오늘 피고로 나온 온조가 백제를 세운 것으로 알고 있는데, 아닌가요? 좀 더 구체적으로 말씀해 주시기 바랍니다.

김딴지 변호사   판사님을 비롯한 대부분의 사람들은 당연히 온조가 백제를 세웠다고 알고 계실 겁니다. ▶학생들이 배우는 역사 교과서에도 백제의 시조는 고주몽의 아들인 온조라고 되어 있으니까요. 좀 더 자세히 설명하자면, 온조는 하남 위례성에 자리 잡은 후 비류의 미추홀을 흡수하여 백제를 세웠다고 알려져 있습니다. 그리고 낙랑군과 대결하면서 마한까지 정복한 영웅으로 대접받고 있고요.

"그러게. 그 당연한 사실을 알면서 왜 이런 소송을 제기했을까?"

"저 변호사, 요즘 의뢰인이 없는 것 같던데. 그래서 괜히 자기 이름처럼 딴죽 한번 걸어 보려는 거 아냐?"

방청석에서 수군대는 소리가 들리기 시작했다. 김딴지 변호사는 기분이 상했지만 꾹 참으며 말을 이어 나갔다.

김딴지 변호사   하지만 이러한 점들은 모두 사실이 아닙니다. 판사님, 원고 비류야말로 진정한 백제의 건국 시조이며, 피고 온조는 미추홀에서 비류에게 얹혀살다가 십신(十

교과서에는

▶ 고구려의 시조인 주몽과 신라의 시조인 박혁거세는 알에서 태어났다고 전해 옵니다. 이것은 주몽과 박혁거세가 하늘이 낸 위대한 인물이라는 의미를 담고 있습니다. 백제의 시조인 온조는 주몽의 아들로 역시 위대한 인물로 전해집니다.

臣)을 데리고 하남 위례성으로 옮겨 갔을 뿐입니다. 또한 피고는 자기 부모까지 바꿔치기하는 아주 파렴치한 죄를 저질렀습니다.

피고의 업적은 대부분 후대에 과장되거나 왜곡된 것입니다. 그리고 피고의 업적이 부각되면 될수록 원고는 더 초라하고 형편없는 사람이 되었습니다. 이에 우리 원고 측에선 피고에게 명예 훼손죄를 묻고, 백제 건국에 관한 역사의 진실을 밝혀내고자 합니다.

비류가 온조를 상대로 소송을 제기한 이유를 듣자 방청석이 술렁였다.

"말이 된다고 생각해? 비류는 조용히 잘 지내는 온조 님을 왜 건드리는 거야?"

"말이 되고 안 되고는 재판을 끝까지 지켜봐야 알지. 얼마나 억울하면 여기까지 와서 소송을 냈겠어?"

"하지만 비류 님과 저 김딴지인지 뚱딴지인지 하는 변호사 얘기는 믿기 어려운걸."

다들 비류의 주장이 과연 사실인지 의심하는 눈치였다.

판사　자자, 모두 조용히 해 주세요. 재판을 진행하겠습니다. 먼저 내가 가장 궁금한 점은 원고와 피고가 각각 부모님이 다르다고 주장하는 것입니다. 형제가 맞기는 한 겁니까? 소송을 제기한 원고 측의 얘기부터 들어 보도록 하죠.

김딴지 변호사　판사님, 원고에게 직접 이 사실을 확인하겠습니다.

원고는 아는 바를 소상히 말씀해 주시기 바랍니다.

비류　안녕하십니까! 나는 졸본 부여에서 내려와 미추홀, 그러니까 현재의 인천 지역에 처음 나라를 세운 비류라고 합니다. 아버지는 북부여의 왕 해부루의 후손인 '우태'이시고, 어머니는 졸본 부여의 큰 부자였던 연타발의 딸인 '소서노'이십니다. 아버지는 비록 내가 어렸을 때 돌아가셨지만 아주 훌륭한 분이셨습니다. 그리고 어머니 소서노는 아버지가 돌아가신 뒤 홀로 지내다가 나중에 고주몽과 재혼하셨지요. 의붓아버지 고주몽은 북부여에서 내려와 졸본 부여를 차지하고는 고구려를 세웠는데, 그때 우리 어머니의 내조의 덕을 톡톡히 보았습니다. 어머니는 '내조의 여왕'이셨지요. 내가 고구려의 왕자가 될 수 있었던 것도 전적으로 어머니 덕택이었고, 의붓아버지 고주몽에 이어 고구려의 국왕이 될 뻔한 것도 어머니가 아니었다면 감히 꿈도 꿀 수 없는 일이었습니다.

판사　'고구려의 왕이 될 뻔'했다면, 되지 못했다 이거군요. 그런데 원고의 아버지가 우태가 맞습니까? 피고의 주장과 다른데, 이를 어떻게 증명하시겠습니까?

판사의 말이 끝나기가 무섭게 김딴지 변호사가 자리를 박차고 일어났다. 그의 얼굴에는 미소가 흘렀다.

김딴지 변호사　판사님, 원고의 아버지는 우태가 맞습니다.『삼국사기』「백제본기」온조왕 즉위년조에 기록된 작은 글씨(협주)를 보면,

서자

본부인이 아닌 다른 여자가 낳은 아들을 말합니다.

분명히 비류와 온조는 북부여의 왕 해부루의 후손인 우태의 아들이라고 나옵니다. 비류가 형, 온조가 아우로 기록돼 있지요. 이것은 명백한 사실입니다. 이러한 사실을 증명해 줄 증인으로 지금 우태를 불러 주시기 바랍니다.

판사   좋습니다. 원고 측 증인 우태는 증인석으로 나와서 선서를 해 주세요.

우태   선서! 나는 오직 진실만을 말할 것을 맹세합니다.

왼손에 서류 뭉치를 쥔 김딴지 변호사가 우태 곁으로 다가갔다. 그리고 자신 있는 목소리로 물었다.

김딴지 변호사   증인, 증인은 북부여 왕 해부루의 후손이 맞습니까?

우태   네, 맞습니다.

김딴지 변호사   그렇다면 북부여의 왕이 될 수도 있었을 텐데 왜 군이 졸본 부여로 내려왔습니까?

우태   내가 해부루 왕의 직계 왕자가 아닌 서자(庶子)의 후손이었기 때문입니다. 그래서 난 북부여에서 왕위를 이을 수 없었지요. 하는 수 없이 무역하기 좋고 다른 나라의 공격을 막기에 유리한 졸본 부여로 무리를 거느리고 내려가 왕 노릇을 하였습니다. 다행히 많은 북부여 백성들이 뜻을 함께해 주었지요.

나는 졸본 부여에서 꽤나 큰 부자였던 연타발의 딸 소서노와 결혼하게 되었는데, 그녀는 아름다웠고 여장부답게 용감했습니다. 우리는 곧 사랑스러운 아이들, 비류와 온조도 낳았지요. 특히 비류는 어려서부터 나를 존경했고 잘 따랐습니다. 하지만 안타깝게도 나는 몹쓸 병을 앓다가 세상을 일찍 떠났습니다. 온조는 당시 너무 어려서 내 얼굴조차 기억하지 못할 겁니다.

김딴지 변호사　　그렇다면 증인은 원고가 아버지라고 부를 만큼 어느 정도 성장했을 때 세상을 떠난 셈이군요. 하지만 피고는 너무 어려서 증인의 얼굴을 기억하지 못할 때이고요. 증인은 비류와 온조의 친아버지가 분명하군요!

　　청중들 사이에서 탄성이 터져 나왔다. 놀랍다는 반응이었다. 이때 이대로 변호사가 불만 어린 표정으로 자리에서 벌떡 일어났다.

이대로 변호사　　판사님, 지금 원고 측 변호인이 하는 말은 사실과 다릅니다. 제가 증인을 신문할 수 있는 기회를 주시기 바랍니다.

판사　　허락합니다.

이대로 변호사　　감사합니다. 판사님, 제가 이미 제출한 서류 중에서 『삼국사기』「백제본기」온조왕 즉위년조를 보아 주시기 바랍니다. 거기에는 분명히 비류와 온조가 고주몽의 친아들이라고 기록되어 있습니다.

판사　　보고 있으니 계속하세요.

이대로 변호사　　거기에 보면 고주몽은 북부여에서 내려와 졸본 부여 왕의 둘째 딸과 혼인하여 비류와 온조를 낳았다고 기록돼 있습니다. 그러니까 당연히 비류와 온조의 아버지는 우태가 아니라 고주몽입니다. 두말하면 입만 아프지요.

판사 두 변호인 모두 『삼국사기』를 인용해 서로의 주장이 옳다고 하고 있으니 대체 어떤 얘기가 진실인지 판단할 수가 없군요. 피고 측 변호인, 더 자세히 설명해 줄 수 있나요?

이대로 변호사 네. 제가 원고 측 변호인과 증인 우태의 주장을 하나하나 반박해 보겠습니다. 우선 증인의 자기소개는 앞뒤가 안 맞고 허황된 것뿐입니다. 그는 북부여의 왕 해부루의 자손이라고 하였지만, 해부루는 북부여가 아니라 동부여의 왕이었습니다. 해부루가 죽자 왕위는 금와가 물려받았고요. 금와는 다시 대소에게 왕위를 물려주었지요. 그러므로 해부루와 증인은 전혀 상관이 없습니다.

이대로 변호사가 조금 전의 김딴지 변호사와는 전혀 다르게 말을 하자 방청객들은 어안이 벙벙해졌다. 이대로 변호사는 사람들의 놀란 모습을 훑어본 뒤 계속 변론을 밀어붙이기로 했다.

이대로 변호사 판사님, 게다가 증인은 자신이 졸본 부여의 왕이었다고 우기지만 그가 졸본 부여 왕이었다는 기록은 그 어디에도 없습니다. 어떤 학자는 증인이 한참 후의 인물인 '구태'일 가능성이 있다고도 주장하였습니다. 그러니까 증인이 역사 속 실존 인물인지조차 확인할 길이 없는 것이지요. 피고와 원고의 아버지는 말할 것도 없이 모든 사람이 알고 있는 고주몽이 맞습니다. 이러한 사실을 피고에게 직접 확인했으면 합니다.

판사 피고 신문을 시작해도 좋습니다.

이대로 변호사 피고, 단도직입적으로 묻겠습니다. 당신을 낳아 준 아버지는 누구입니까?

온조 물론 졸본 부여에서 고구려를 건국한 고주몽 님이시지요.

이대로 변호사 그렇다면 피고는 아버지 고주몽에 대해 얼마나 알고 있습니까?

온조 내 아버지의 아버지, 즉 나의 할아버지는 하느님의 아들 해모수이시고, 할머니는 물의 신 하백의 딸인 유화이십니다. 아버지는 신비롭게도 할머니 유화가 낳은 알에서 태어났지만, 금와왕이 할머니와 아버지를 거두어 보살펴 주셨습니다.

그런데 아버지의 뛰어난 활쏘기 실력과 검술 능력 때문에 대소왕과 그 형제들이 아버지를 미워했답니다. 그래서 아버지는 졸본 부여로 내려와, 졸본 부여 왕의 둘째 딸이었던 어머니 월군녀와 혼인한 후 고구려를 건국하였습니다. 이후 비류 형님과 나를 낳으셨고요.

이대로 변호사 피고는 아버지에 대해 잘 알고 계시군요. 피고의 아버지는 고주몽이 확실한 것 같습니다. 그런데 왜 원고는 자꾸 우태가 아버지라고 주장하는 걸까요? 혹시 두 분의 아버지가 다른 건 아닙니까? 어머니만 같고 아버지가 다른 형제라든지…….

온조 아닙니다. 우리는 한 핏줄에서 나온 형제가 맞습니다. 비류 형님이 얘기하는 우태라는 분은 정말 처음 들어 본 이름입니다. 왜 비류 형님이 저렇게 고집을 부리는지 아무리 생각해도 모르겠어요.

다시 한 번 말씀드리지만 고구려의 시조이신 고주몽 님은 나와 비류 형님의 친아버지가 맞습니다.

이때 흥분을 이기지 못한 듯 김딴지 변호사가 책상을 탕 치며 일어섰다.

김딴지 변호사   판사님! 지금 피고는 정확한 근거도 없이 자기 주장을 펴고 있습니다. 제가 피고를 신문할 수 있도록 허락해 주십시오.

판사   좋습니다.

김딴지 변호사   피고가 고주몽을 친아버지라고 주장하는 근거가 무엇입니까?

온조   나의 어머니는 졸본 부여 왕의 딸인 월군녀입니다. 어머니는 모든 재산을 바쳐 아버지 고주몽 님의 고구려 건설을 도우셨지요. 나는 어려서부터 고구려 궁궐에서 자랐기 때문에 그것만큼은 잘 압니다. 나는 어머니에게 아버지는 오직 고주몽 님 한 분뿐이라고 들어 왔습니다. 그런데 비류 형님은 무슨 이유에선지 계속 우태라는 분이 친아버지라고 우깁니다. 정말 이해할 수가 없네요.

김딴지 변호사   아니, 피고는 어머니의 말씀만 듣고 고주몽을 친아버지라고 믿었다는 건가요? 그렇다면 고주몽이 반드시 친아버지라고 장담할 수는 없는 것 아닙니까? 그리고 피고는 형인 비류가 끊임없이 우태를 친아버지라고 말해 온 것을 어려서부터 알고 있지 않았나요? 피고, 진실을 말하세요!

왜 온조는 백제를 세웠을까?

이대로 변호사 판사님! 이의 있습니다. 지금 원고 측 변호인은 피고에게 유도 신문을 하고 있습니다. 이를 제지해 주십시오.

판사 아닙니다. 친아버지가 누구인지 밝히기 위해서 피고의 대답을 들어야 할 것 같습니다. 피고, 답변해 주시기 바랍니다.

온조 ▶나는 분명 고주몽 님의 아들이 맞습니다. 그분을 고구려 건국주로서 존경해 왔고 앞으로도 그러한 마음은 변하지 않을 것입니다. 그분은 내가 하남 위례성에 백제를 건국하게 한 정신적 지주이기도 합니다. 비류 형님이 아버지라고 주장하는 우태라는 분에 대해서 나는 얼굴을 본 적도 없고 어머니로부터 어떤 얘기를 들어 본 적도 없습니다. 그러므로 내 친아버지는 이 우주에서 오직 고주몽 님 한 분뿐입니다.

이때 비류가 인상을 찌푸리며 벌떡 일어나 큰 소리로 온조를 나무랐다.

비류   이 불효막심한 것 같으니! 우리 아버지는 고주몽이 아니라 우태라는 분이 맞아! 네가 너무 어렸을 때 아버지가 돌아가셔서 넌 아버지 얼굴도 모르잖아. 또 네가 그렇게 착각하는 건 의붓아버지 고주몽의 계획된 시나리오대로 컸기 때문이야! 어머니 또한 오로지 고주몽 한 분만을 친아버지라고 생각하라고 귀에 못이 박이도록 말씀하셨고. 하지만 진실은 숨길 수 없는 거야.

이에 질세라 온조 역시 목에 핏줄을 세우고 침을 튀기며 비류를 향해 외쳤다.

온조   그렇다면 아까 우태라는 분은 왜 위증을 했지? 동부여 해부루의 후손임에도 북부여 출신이라고 했잖아. 또 졸본 부여 왕이 아닌데도 졸본 부여에서 왕 노릇을 했다고 거짓말을 했어. 우태라는 분이 소서노라는 여자와의 사이에서 형과 나를 낳았다는 건 정말 말도 안 돼. 우태라는 분이 실존 인물인지도 확실하지 않잖아? 내 어머니는 졸본 부여 왕의 둘째 딸인 월군녀야!

만일 우태라는 분이 졸본 부여의 왕이었다면 우리 아버지 고주몽이 그분의 둘째 딸과 결혼해서 나를 낳기라도 했다는 거야? 증인 우태는 위증죄로 다스려야 해. 형이야말로 진실을 왜곡하지 말고 똑바로 알아!

온조와 비류의 심한 말다툼에 양측 변호사는 끼어들 틈이 없었다. 법정이 소란스러워지자 판사가 법봉을 두드리며 장내를 진정시켰다.

판사　원고와 피고 모두 인신공격을 자제해 주시기 바랍니다! 그리고 방청석도 조용히 해 주세요. 원고와 피고는 서로 다른 사람을 아버지라고 주장하는데, 들어 보니 어머니까지 다르게 주장을 하는군요. 이들을 증인으로 모셔 증언을 들어 봐야겠습니다.

2

온조와 비류의
어머니는 누구일까?

김딴지 변호사　판사님, 제가 정리를 좀 해 보겠습니다. 일단 원고는 아버지가 우태이며 어머니는 소서노라고 주장합니다. 반면 피고는 아버지가 고주몽이고 어머니는 월군녀라고 말합니다. 하지만 저는 이번 재판을 통해 원고의 주장이 옳다는 것을 꼭 밝혀낼 것입니다. 이것을 증명해 줄 증인 소서노를 불러 주시기 바랍니다.

판사　좋습니다. 증인은 나와서 증인 선서를 해 주세요.

소서노　선서! 저는 옛 백제 왕국의 국모로서 신성한 한국사법정에서 한 치의 거짓 없이 진실만을 말할 것을 맹세합니다.

소서노는 당당히 걸어 나와 또렷한 목소리로 증인 선서를 했다. 조금 상기되고 굳은 표정이었으나 자태에는 지조와 강건함이 배어 있었다.

김딴지 변호사   증인 신문을 시작하도록 하겠습니다. 증인은 원고의 어머니가 맞습니까?

소서노   맞습니다. 비류는 내 아들입니다.

김딴지 변호사   그리고 당신은 피고의 어머니이기도 하지요?

소서노   네. 온조는 내 막둥이 아들이죠. 그런데 온조는 너무 어려서 아버지 우태가 병마와 싸우다 돌아가시는 것도 못 보고…….

소서노는 잠시 슬픔에 잠기는 듯했으나 곧 마음을 가다듬으며 고개를 들었다.

김딴지 변호사   그렇다면 피고는 친아버지 우태의 얼굴을 모를 텐데, 증인은 왜 피고에게 우태가 친아버지라는 사실을 말해 주지 않았습니까?

소서노   그건…… 온조가 어른이 되면 때를 기다려 이야기하려고 했습니다. 하지만 당시 상황이 그리 좋지 않았어요. 내가 고주몽 님과 재혼한 뒤 한 치 앞도 내다볼 수 없는 어려운 시기를 맞았거든요. 결국 우리 졸본 부여 사람들과 나는 고주몽 님을 밀어주고 고구려 왕으로 받들었지요. 그래야만 나라를 지키고 현도군과 동부여에 대항할 수 있었거든요. 그래서 온조에게는 아버지가 고주몽이라고 말했고, 그분을 충성스럽게 보좌해야 한다고 일렀습니다. 온조는 아직 어렸기 때문에 이것이 가능했지요. 하지만 비류는 달랐습니다. 어렸을 때 돌아가신 친아버지 우태를 기억하는 것 같았거든요.

김딴지 변호사   판사님, 들으셨지요? 소서노의 증언으로 피고 온조의 진짜 아버지는 우태, 어머니는 소서노라는 사실이 다시 한 번 분명해졌습니다.

"비류의 주장이 사실이었네" 하는 소리가 방청석에서 들렸고, 비류에 동조하는 방청객들도 점점 늘어 갔다. 그러나 방청객 대부분은 냉정을 잃지 않고 조용히 재판 상황을 지켜보았다.

김딴지 변호사   피고, 피고는 어머니 소서노의 진심 어린 답변을 듣고도 계속 거짓말을 할 겁니까?

이대로 변호사   피고의 어머니가 소서노라고요? 피고의 어머니는 월군녀라니까요!

존경하는 판사님, 지금 원고 측 변호인은 증인과 짜고 역사를 왜곡하고 있습니다. 또한 법정 분위기를 자신이 의도하는 쪽으로 몰아가고자 배심원들의 감정에 호소하는 증언을 이끌어 내고 있습니다. 저는 이러한 원고 측 변호인의 억지 변론에 반박하고자 온조와 비류의 진짜 어머니인 월군녀를 불러 진실을 듣고자 합니다. 판사님, 허락해 주십시오.

판사   네. 증인 월군녀는 증인석으로 나와 선서해 주세요.

왜 온조는 백제를 세웠을까?

판사의 말이 끝나자마자 화려한 왕비복 차림의 여성이 복도를 따라 걸어 나왔다. 그녀의 얼굴에는 자신에 찬 미소가 번졌다.

일당백
한 사람이 백 사람을 당해낸다는 뜻으로 매우 용감함을 이르는 말입니다.

월군녀   선서! 나는 고구려 국모로서 오직 진실만을 말할 것을 맹세합니다.

판사   좋습니다. 피고 측 변호인은 증인 신문을 시작하세요.

이대로 변호사   증인, 증인을 모르는 분들을 위해 먼저 간략히 자기소개를 해 주시지요.

월군녀   나는 졸본 부여 왕의 둘째 딸로 졸본 부여의 공주입니다. 우리 집은 딸만 셋이라 아버지는 후사를 이을 왕자가 없다고 종종 불평하셨어요. 아마 졸본 부여의 앞날이 걱정되어서 그러셨겠지요. 그런데 어느 날 고주몽이라는 분이 큰 무리를 거느리고 동부여에서 우리나라로 피난을 왔습니다. 그는 활 솜씨가 매우 뛰어난 사람이었어요.

이대로 변호사   활 솜씨가 뛰어나서 '주몽'이라 불렸다는 얘기는 저도 잘 알고 있습니다.

월군녀   게다가 그가 데려온 군사들은 **일당백**의 날랜 용사들이었지요. 그들의 기개에 반한 아버지는 고주몽 님을 내 짝으로 정하셨습니다. 이는 졸본 부여의 미래를 생각한 아버지의 결단이었지요. 아무튼 나는 아버지의 뜻에 따라 어쩔 수 없이 고주몽 님과 혼인하게 되었습니다. 하지만 나도 그가 싫지는 않았어요. 능력도 있고 꿈

도 있는 사람이었으니까요.

아버지가 돌아가시자 고주몽 님은 졸본 부여의 왕이 되었는데, 그는 내 내조에 힘입어 몇몇 부족들을 통합한 후 마침내 고구려를 건국할 수 있었습니다. 이후 나와 고주몽 님 사이에 비류와 온조가 태어났고, 우리는 백성에게 큰 축하를 받았습니다.

이대로 변호사　　증언 감사드립니다. 비류와 온조는 증인의 자식들이 확실하군요.

월군녀　　당연하죠!

　　왜 온조는 백제를 세웠을까?

이대로 변호사　　그렇다면 원고 비류가 어머니라고 주장하는 증인 소서노는 아는 사람입니까?

월군녀　　이곳 영혼들의 마을에 와서 TV 드라마를 보면서 알게 된 여자입니다. 정말 어처구니없게도 그 여자는 우리 아이들을 자기 아이들이라고 떠들고 다니더군요. 너무 화가 나서 소서노인지 뭔지 하는 여자를 상대로 소송을 벌일 참이었습니다. 자기가 비류와 온조의 어머니라뇨? 내가 이렇게 두 눈 부릅뜨고 있는데 말예요! 고주몽 님은 소서노가 아니라 나 월군녀와 결혼했습니다!

김딴지 변호사　　판사님, 증인은 지금 위증을 하고 있습니다. 반대 신문을 요청합니다.

판사　　허락합니다.

김딴지 변호사　　증인에게 묻기에 앞서 증인이 좀 낯설게 느껴지는데, 본래 이름이 월군녀입니까? 확실해요?

이대로 변호사　　제가 대신 대답해 드리지요. 월군녀는 '월군(越郡)의 여자'라는 의미입니다. 여기서 월군은 '이웃한 마을, 이웃한 부족'을 의미합니다. 고주몽이 동부여에서 탈출하여 졸본 부여 근처의 비류수 가에 정착하여 세력을 키우고 있었을 때 이웃한 마을이 바로 졸본 부여였지요. 그러니까 고주몽이 동부여를 탈출해 비류수 가에 정착했을 당시의 '월군'은 바로 졸본 부여를 의미하고, '월군의 여자'는 바로 졸본 부여 왕의 둘째 딸인 월군녀인 것이죠.

월군녀　　맞습니다. 그 졸본 부여의 왕이 바로 나의 아버지이십니다. 아버지의 성은 해씨라고 알고 있습니다. 이름은 그게 잘……

김딴지 변호사   아니, 증인은 어떻게 자기 아버지 이름도 모릅니까? 당신의 존재가 대단히 의심스럽군요.

월군녀   …….

김딴지 변호사   그렇다면 증인의 아버지 졸본 부여 왕은 도대체 어떤 분이시죠? 이름은 기억 못해도 아는 게 조금이라도 있으실 거 아닙니까? 증인의 아버지가 정말 졸본 부여의 왕이 맞긴 합니까? 혹시 증인의 아버지는 고구려 근방에 있던 비류국의 송양왕은 아닙니까?

왜 온조는 백제를 세웠을까?

당신은 송양왕의 둘째 딸이고요. 알려진 바로는 송양왕은 고주몽과 졸본 땅을 놓고 활쏘기로 겨루었다가 지는 바람에 영토를 모두 고주몽에게 바쳤다던데…… 결국 증인은 고주몽의 필요에 의해 조작된 인물이 아닌가 하는 강한 의문이 듭니다.

이대로 변호사　판사님! 이의 있습니다. 지금 원고 측 변호인은 억지 추측을 하면서 증인을 협박하고 있습니다. 주의를 주실 것을 요청하는 바입니다.

판사　인정합니다. 원고 측 변호인은 추측을 삼가고 사실로만 변론해 주시기 바랍니다. 다만 증인 월군녀는 송양왕과의 관계에 대해 짧게라도 답변해 주셨으면 합니다.

월군녀　정말 황당하군요. 내가 비류국 송양왕의 딸이라뇨? 나는 송양왕과는 아무 관련이 없습니다. 오히려 송양왕은 우리 졸본 부여가 과거부터 타도해야 했던 나라의 왕이었답니다. ▶그래서 나의 남편은 그를 제압해 고구려 5부 연맹 안에 편입시켰습니다.

김딴지 변호사　그렇다면 증인에게 다른 질문을 드리지요.『삼국사기』「백제본기」온조왕 즉위년조의 기록을 보면 비류와 온조가 고구려를 떠날 때 어머니를 모시고 갔다는 기록이 있는데, 그렇다면 증인은 두 아들 비류와 온조를 따라갔습니까?

월군녀　네, 물론이죠. 고주몽 님이 세상을 떠난 후 얼마 안 되어 나라가 어수선해졌습니다. 때마침 두 아들 온조와 비류가 십신을 데리고 남쪽으로 내려가는 게 좋겠다고 말

교과서에는

▶ 고구려에서는 왕족을 포함한 5부족의 귀족들이 지배층을 형성하였고, 이들이 왕과 함께 정치를 주도하였습니다. 2세기 후반 고구려 고국천왕 때 부족적인 전통을 지녀 온 5부가 행정적 성격의 5부로 개편되었습니다.

해 그렇게 하기로 결정했습니다.

김딴지 변호사 증인, 진실만을 말해야 합니다! 기록에 의하면 온조와 비류를 따라간 사람은 증인이 아니라 바로 소서노입니다. 증인은 온조와 비류의 친어머니가 아닐뿐더러 지금 위증을 하고 있는 겁니다. 증인, 진실을 말하세요!

이대로 변호사 판사님, 원고 측 변호인은 유도 신문을 해서 증인을 몰아세우고 있습니다.

판사 인정합니다. 원고 측 변호인, 주의해 주세요. 증인은 더 하실 말씀이 있습니까?

월군녀 나는 비류와 온조의 어머니이기에 앞서 고구려를 건국한 고주몽의 아내이자 왕비입니다. 죽는 순간까지 새로운 국왕 유리에게 정치적 조언을 해 주며 고구려를 지키고 싶었지요. 하지만 내 아이들 비류, 온조가 유리와 사이가 좋지 않아 남쪽으로 내려가 새로운 국가를 세우길 원했고, 나는 아들들과 함께 떠났을 뿐입니다. 내가 드릴 말씀은 이게 다입니다.

판사 잘 알았습니다. 그런데 온조와 비류가 고구려를 떠나게 된 이유에 대해서는 좀 더 구체적으로 알아보는 게 좋겠네요.

왜 온조는 백제를 세웠을까?

5부 연맹

   고구려 5부는 고구려 왕족을 포함해서 고구려 정치 조직의 중심이 된 5개 부족을 가리킵니다. 하지만 이와는 다르게 5부가 초기 고구려의 행정 구역이 라는 말도 있습니다.

   5부족의 명칭은 중국 사서에 의하면 각각 소노부(消奴部), 계루부(桂婁部), 절노부(絶奴部), 관노부(灌奴部), 순노부(順奴部)입니다. 이 가운데 계루부는 졸 본 부여에서 고구려를 건국한 고씨(高氏) 왕족이었고, 절노부는 계루부 왕족 과 혼인 관계를 통해 형성된 왕비족이었습니다. 계루부, 소노부, 절노부의 대 가(大加)에게는 고추가(古雛加)라는 특별 칭호를 주었는데, 이들의 세력은 매 우 강했습니다.

   한편 고구려의 5부족은 고국천왕 때 5부의 행정 구역으로 개편되었지요.

3

온조와 비류는
왜 고구려 왕이 되지 못했을까?

김딴지 변호사　판사님, 저는 계속해서 위증을 하는 월군녀의 증언을 믿을 수 없습니다. 원고 신문을 다시 하도록 허락해 주십시오.

판사　좋습니다.

김딴지 변호사　감사합니다. 원고, 원고는 왜 고구려 태자에 책봉되지 못했다고 생각하십니까?

비류　들지도 보지도 못했던 ▶유리라는 자가 동부여에서 많은 무리를 거느리고 와서 갑자기 태자 자리를 빼앗았습니다.

김딴지 변호사　그때의 상황을 자세히 설명해 주시겠습니까?

비류　유리라는 자는 본래 동부여 사람인데 활을 잘 쏘기로 유명했다더군요. 기원전 19년에 그는 자신이 고주몽의 친아들이라며 우리 고구려로 침입해 와, 내가 지휘하는 고구려 군대를 물리쳤습니다. 그들의 군사력이 너무 강해서 도저히 막아 낼 수가 없었어요. 나는 즉시 왕궁으로 돌아와 의붓아버지인 고주몽에게 사실 그대로 보고하였습니다.

그런데 고주몽은 유리가 보통 인물이 아님을 알게 되자 자신과 혈통이 비슷한 그에게 태자 자리를 내주고 말았습니다. 사실 유리가 왕위를 찬탈한 것이나 다름없지요.

김딴지 변호사　유리왕이 정상적으로 왕위를 물려받은 것이 아니라 왕위를 빼앗았다고요?

이대로 변호사　판사님! 이의 있습니다. 지금 원고는 없는 사실을 만들어 내고 있습니다. 원고 측의 허무맹랑한 증언에 대해 반박할 기회를 주십시오.

판사　피고 측의 이의 제기를 인정합니다.

이대로 변호사　감사합니다. 그럼 저는 피고 신문을 진행하겠습니다. 피고는 왜 고구려 왕위 계승에서 밀렸다고 보십니까?

온조　나는 분명 고주몽 님의 친아들이고 고구려 국왕에 오를 수 있는 위치에 있었습니다. 그리고 아버지는 비류 형님보다 나를 더 사랑하셨지요. 하지만 동부여에서 갖은 고생을 하다가 친아버지 고주몽을 찾아온 유리 형님이 예씨 부인 소생의 장남이었기 때문에 그분에게 왕위가 돌아갈 수밖에 없었습니다.

이 변호사님도 아시겠지만, 원래 왕위 계승의 1순위는 첫째 부인의 첫째 아들이잖아요. 나나 비류 형님이 고주몽

교과서에는

▶ 고구려 시조인 주몽의 아들 유리가 부여에서 졸본으로 주몽을 찾아오자, 비류와 온조 형제는 그를 피해 남쪽으로 내려갔습니다.

님의 친아들이었다고 해도 둘째 부인인 월군녀의 아들이니까 어쨌든 순위에서 밀리는 것이지요.

이때 비류가 흥분을 이기지 못한 듯 두 주먹을 불끈 쥔 채 온조를 비난했다.

비류   뭐? 고주몽이 우리 친아버지고 어머니는 월군녀라고? 이 녀석아, 우리 아버지는 고주몽이 아니라 우태라고 대체 몇 번이나 말해야 알겠니? 그리고 유리가 첫째 부인의 장남이기 때문에 정당하게 왕위를 물려받을 자격이 있었다고? 유리는 고주몽의 아들이 아닐뿐더러 우리에게서 고구려 왕위를 빼앗았어. 제대로 알아라! 너는 빼앗긴 자의 아픔을 몰라.

판사   원고는 진정하세요. 인신공격을 하면 안 됩니다. 그리고 궁금한 점이 하나 있어요. 아까 원고가 한 말 중에 고주몽이 혈통이 비슷한 유리에게 태자 자리를 내주었다고 했는데, 여기서 혈통이 비슷하다는 것은 무슨 뜻입니까?

비류   죄송합니다. 내가 워낙 다혈질이라서 한번 화가 나면 좀처럼 가라앉지를 않습니다. 판사님의 질문에 답변을 드리지요. 고주몽의 조상은 원래 북부여 계통인데 정작 고주몽은 동부여에서 살았습니다. 지금까지 고주몽의 친아들이라고 속이는 유리 역시 동부여에서 태어났고요. 이렇게 볼 때 고주몽이나 유리는 모두 동부여에서 태어나 자란 셈이 됩니다. 동부여 출신이라고 볼 수 있지요. 그러니까 고주몽은 출신지가 같은 유리에게 태자 자리를 내주었던 것입니다.

이대로 변호사   판사님! 이의 있습니다. 원고가 하는 말은 사실과 다르고 너무 터무니없습니다. 이 논쟁의 당사자인 유리왕을 불러 주시기 바랍니다.

판사   좋습니다. 유리왕은 나와서 증인 선서를 해 주시기 바랍니다.

유리   나는 고구려 제2대 임금으로 한 치의 거짓 없이 오직 진실만을 말할 것을 맹세합니다.

이대로 변호사   증인은 고주몽의 친아들이 맞습니까? 증인의 가족 관계에 대해 짤막하게 말씀해 주시겠어요?

유리   나는 어머니 예씨 부인과 아버지 고주몽 사이에서 태어났습니다. 고향은 동부여고요. 하지만 나는 아버지의 얼굴조차 몰랐기 때문에 어머니에게 아버지에 대해 자주 묻곤 했습니다. 왜 내가 동부여 사람들에게 무시를 당하면서 살아야 하는지 알 수 없었으니까요. 그렇게 내가 투정을 부릴 때면, 어머니는 아버지가 지금 고구려의 왕으로 계시기 때문에 동부여에서 우리와 함께 살 수 없다고 말씀하셨습니다.

아버지가 한 나라의 왕이라니! 나는 그 얘기를 듣는 순간 그동안 아버지에 대해 쌓인 원망이 눈 녹듯이 사라졌습니다. 아버지는 이제 내 영웅이 된 것이지요. 아버지의 모습을 그려 보면서 나는 아버지처럼 훌륭한 사람이 되어야겠다고 마음먹었습니다. 그래서 날마다 무술을 연마하고 활쏘기를 연습한 끝에 마침내 활쏘기 명수가 되었답니다.

이대로 변호사　　그렇군요. 그런데 증인이 고구려로 내려올 결심을 한 결정적인 계기는 무엇이었습니까? 단순히 아버지가 보고 싶어서 였나요, 아니면 다른 이유가 있었나요?

　　이대로 변호사의 질문을 받은 유리가 회심의 미소를 지으며 당차 게 대답하였다.

유리　　그 점을 물어보실 줄 알았습니다. 그게 핵심이니까요. 일단 이 말씀부터 드려야겠네요. 아버지는 고구려의 왕이 되기 위해 부여 땅을 떠나시면서, 이후에 아들이 태어나면 알아볼 수 있게끔 증표가 있어야 한다고 하셨답니다. 그러고는 칼 한 자루를 부러뜨려 반은 아버지가 가져가시고 반은 내가 크면 찾을 수 있도록 숨겨 두신 것 이지요. 그런데 내가 성장하여 마침내 그 부러진 칼 도막을 찾아낸 것입니다. 나는 주저 없이 아버지를 만나기 위해 졸본 부여로 갔습니다. 그리고 아버지 앞에 칼 도막을 꺼내 놓았지요. 아버지는 자신 이 가지고 있던 나머지 반 도막 난 칼을 꺼내 맞춰 보셨습니다. 한 자 루의 칼이 딱 들어맞자 크게 기뻐하시며 저를 고구려의 태자로 삼으 셨습니다.

　　"그럼 그렇지!"
　　"유리 태자의 말씀이 옳고말고!"

맞아!
내가 준 칼이
분명하구나.

방청석 곳곳에서 유리의 발언에 동조하는 목소리가 높아졌다. 이
때 김딴지 변호사가 상기된 표정으로 벌떡 일어나 말했다.

김딴지 변호사   존경하는 판사님, 지금 증인은 역사적 사실을 왜곡
하고 있습니다. 증인이 가지고 있는 칼 도막은 그가 고주몽의 친아
들임을 증명하는 도구가 아닙니다. 칼은 증인이 고구려를 무력으로
지배했다는 상징일 뿐입니다.
이대로 변호사   이의 있습니다, 판사님. 지금 원고 측 변호인은 아무
증거 없이 추측만으로 변론하고 있습니다. 제지해 주시기 바랍니다.

판사   인정합니다. 원고 측 변호인은 객관적인 증거를 가지고 변론해 주시고, 과격한 감정 표현은 삼가 주세요. 어쨌든 증인 유리의 증언으로 왜 온조와 비류가 고구려 왕이 되지 못했는지는 어느 정도 설명이 된 것 같은데요. 지금까지의 증언을 종합해 보면, 원고는 아버지 우태가 사망한 후 어머니 소서노가 고주몽과 재혼하여 고주몽의 장남이 되었지만 유리가 나타나 태자 자리를 빼앗겼다고 주장하는 것이지요? 그리고 유리 때문에 태자 자리를 빼앗긴 것도 억울한데 동생인 피고가 자꾸 고주몽과 월군녀가 부모이며 유리에게 태자 자리를 내준 것도 정당했다고 하니 소송을 제기하기에 이른 것이고요.

김딴지 변호사   바로 그렇습니다. 판사님은 역시 똑 부러지게 정리를 잘하시네요.

김딴지 변호사는 흐뭇한 얼굴로 판사를 보면서 웃었다. 반면에 이대로 변호사는 불편한 심경이 표정에 그대로 드러났다.

판사   그리고 피고는 일관되게 자신의 친부모는 고주몽과 월군녀가 맞으며 아버지 고주몽이 첫째 부인의 아들인 유리에게 태자 자리를 내준 것은 정당하다고 주장하고 있고요.

이대로 변호사   네, 그렇습니다.

판사   잘 알았습니다. 오늘 재판은 원고 비류와 피고 온조의 부모가 누구인지, 그리고 그들이 고구려 국왕이 되지 못한 이유에 관해 증거 자료와 증인의 증언을 통해 알아보았습니다. 이 자료와 증인들의 증언은 두 번째 심리에서 중요한 근거가 될 것입니다. 그럼 첫 심리는 이것으로 마치겠습니다.

땅, 땅, 땅!

유리의 부러진 칼은
무엇을 의미할까?

친자 확인 설화는 아들이 온갖 고난과 역경을 극복하며 아버지를 찾아가 결국 자신이 왕자임을 확인받고 왕위를 잇는다는 이야기 구조를 가지며 고구려의 유리왕 설화가 대표적인 예입니다. 친자 확인 설화는 왕위를 이은 세력이 자신의 정치적·혈통적 정당성을 인정받기 위해 이야기를 만들어 낸 것인데, 유리의 친자 확인 설화는 고구려 왕위 계승에 정통성이 없던 유리가 부러진 칼을 찾아 아버지 고주몽으로부터 부자 관계를 인정받는다는 것이 핵심이지요.

흔히 신화에서 '칼'은 신의 위엄과 군사적 지배권을 상징합니다. 때문에 유리의 친자 확인 설화에 등장하는 부러진 칼 도막 역시 친자를 확인한다는 단순한 증표가 아닙니다. 오히려 유리가 부러진 칼이라는 신기(神器)를 손에 넣음으로써 고구려의 군사적 지배권을 장악하고 왕위를 얻게 되었다는 것을 의미한다고 보아야 합니다.

다알지 기자

　안녕하세요? 역사공화국 법정 뉴스의 다알지 기자입니다. 오늘 있었던 온조 대 비류의 첫 번째 심리에서는 온조와 비류 형제의 아버지와 어머니가 누구인지에 대해 알아보았는데요. 먼저 원고 비류는 『삼국사기』 「백제본기」 온조왕 즉위년조에 적혀 있는 작은 글씨를 근거로 제시하면서 아버지가 우태, 어머니는 소서노라고 주장하였고, 피고 온조도 『삼국사기』 「백제본기」 온조왕 즉위년조의 기록을 근거로 들어 아버지는 고주몽, 어머니는 월군녀라고 주장하였습니다. 양측 모두 『삼국사기』의 기록을 근거로 제시하고 있어 과연 어느 쪽의 주장이 맞는지 아직 확인할 수가 없는데요. 양측의 입장을 다시 한 번 정리해 봐야 할 것 같습니다. 그럼 지금부터 이번 재판의 변호를 맡은 양측 변호사들을 만나 보고 오늘 재판에 대해 어떻게 느꼈는지 인터뷰해 보도록 하겠습니다.

김딴지 변호사

비류와 온조의 아버지는 우태, 어머니는 소서
노가 맞습니다. 피고 측이 왜 저렇게 우기는지 모르겠
네요. 유리가 고구려 왕위를 빼앗은 후 비류, 온조 형제의 원래 부모
를 위조하였습니다. 그런데 온조는 이를 그대로 믿고 있으니 참 답답
합니다. 만일 비류가 고구려 국왕이 되었다면 아버지인 우태는 대왕으
로 추존되었을걸요? 그리고 비류의 혈통을 중심으로 하여 북부여 →
졸본 부여 → 고구려로 이어지는 독특한 건국 신화가 탄생했을 것이고
요. 원고는 피해자입니다.

왜 온조는 백제를 세웠을까?

이대로 변호사

　원고 비류는 아버지가 우태이고 자신은 백제
를 건국한 시조인 것처럼 말했습니다만, 중국 역사서
인 『북사(北史)』에 의하면 백제 시조는 구태라고 되어 있습니다. 여기
서 많은 사람들이 구태를 우태로 보기도 하지만, 구태는 한참 훗날의
사람으로 동부여의 태자인 위구태 혹은 백제의 고이왕을 가리키지요.
그러니까 원고 비류의 아버지는 우태가 아니며, 비류의 발언에는 모순
이 있는 겁니다. 이 말을 미처 하지 못해 아쉽네요.

온조와 비류 중
누가 백제의 시조일까?

1. 비류는 어디에 나라를 세웠을까?
2. 온조는 어디에 나라를 세웠을까?
3. 온조가 백제 시조라고 주장하는 이유는 무엇일까?

교과연계

한국사
Ⅰ. 우리 역사의 형성과 고대 국가
  3. 삼국, 교류와 경쟁 속에서 발전하다
    (1) 삼국, 중앙 집권적 고대 국가로 성장하다

비류는 어디에
나라를 세웠을까?

판사　한 주 동안 잘 지내셨나요? 자, 그럼 비류 대 온조의 두 번째 심리를 시작하겠습니다. 오늘의 주제는 전체 재판 일정 중 가장 중요할 것 같습니다. 그러니 원고 측과 피고 측 모두 재판에 집중해 주시기 바랍니다.

　판사가 본격적인 재판의 시작을 알리자, 서기관은 준비된 차트를 법정에 있는 모든 사람이 볼 수 있도록 대형 화면에 띄웠다. 화면에는 고주몽이 고구려를 건국한 이후부터 비류와 온조가 고구려를 떠나기 전까지의 역사적 사실이 기록되어 있었다.

판사　먼저 원고 측에게 묻겠는데요. 유리가 고구려의 왕위에 오르게 되자 원고는 피고에게 남쪽으로 함께 내려가자고 설득했다고 했는데, 맞습니까?

김딴지 변호사   네, 맞습니다. 『삼국사기』 「백제본기」 온조왕 즉위년조에 작은 글씨로 쓰인 기록에 의하면 분명히 비류가 온조를 설득하여 고구려를 떠난 것으로 기록되어 있습니다. 그럴 수밖에 없었지요. 마땅히 원고가 고구려의 왕위를 이어야 했는데 유리에게 쫓겨났으니 동생과 신하들을 데리고 남쪽으로 내려가 새로운 국가를 세울 수밖에요.

이대로 변호사　판사님, 이의 있습니다. 지금 원고 측 변호인은 일부 기록을 확대 해석하고 있습니다.

판사　이의 제기를 기각하겠습니다. 기록에 따라 정당한 추측을 했다고 봅니다.

김딴지 변호사　감사합니다, 판사님. 그럼 원고에게 질문하겠습니다. 원고는 왜 남쪽으로 내려가자고 피고를 설득한 것입니까?

비류　온조는 어리석게도 고구려에 그대로 남아 구차하게 살고자 했습니다. 왕위를 빼앗은 유리의 그늘에서 별 볼 일 없는 자리라도 하나 얻으려고 했던 것 같아요. 그래서 내가 그럴 바에는 차라리 어머니 소서노와 백가(百家)를 거느리고 남쪽으로 가자고 설득했습니다. 망설이는 듯했지만 이내 온조도 마음을 정한 것 같았지요. 나는 동생의 도움이 꼭 필요했고, 무엇보다 내 동생을 유리의 신하로 있게 할 수는 없었습니다.

이대로 변호사　존경하는 판사님! 원고 측의 계속되는 거짓 증언을 참을 수가 없습니다. 지금 원고는 정확한 근거도 없는 일방적인 주장을 사실인 것처럼 진술하고 있습니다. 반박할 기회를 주시기 바랍니다.

판사　피고 측 변호인은 원고 측의 발언이 모두 끝난 뒤 종합적으로 이의를 제기해 주시기 바랍니다. 원고 측은 계속 발언하세요.

김딴지 변호사　그렇다면 원고는 졸본 부여에서 어떤 경로를 거쳐 내려왔나요?

비류　나는 졸본 부여를 떠나 서해 바다로 향했습니다. 온갖 어려움 끝에 압록강 하구에 도착해서 그곳에 머무르면서 타고 갈 배를 만들기도 하고 사기도 하였습니다. 그리고 마침내 **패수(浿水)**와 **대수(帶水)**를 건너 미추홀에 도착하였는데, 미추홀은 우리 부여계 이주민들이 갈망하던 더없이 좋은 항구였습니다. 나는 어머니와 동생 온조, 그리고 나를 믿고 따라온 백가와 함께 감회에 젖어 들었지요.

김딴지 변호사　미추홀에 대해 좀 더 자세히 설명해 주실 수 있습니까?

비류　▶미추홀은 현재의 인천 지역으로 서쪽으로는 강화도가 자리하고 있습니다. 앞쪽으로는 서해 바다가 펼쳐져 있고 북쪽으로는 **아리수**가 병풍처럼 둘러 있는데, 이들이 천혜의 방어망을 형성해 주었답니다. 동쪽과 남쪽에는 상당히 넓은 평야가 있었지요. 미추홀은 이러한 지리적 이점을 기반으로 바닷길로 손쉽게 낙랑군·마한과 무역할 수 있었고 다른 나라의 침입을 막기에도 매우 유리하였습니다. 내가 주저 없이 이곳 미추홀에 국가를 세운 이유이지요.

김딴지 변호사　원고가 미추홀에 국가를 세웠을 때 피고가 세웠다는 국가 십제(十濟)는 있었습니까?

비류　아니요. 당시 십제는 없었습니다. 그때 온조는 미추홀에서 나와 함께 지냈는걸요. 하지만 내가 미추홀에서 국가의 천년 기틀을 다지려고 한 그 시기에 온조는 완전히 딴마음을 품고 있었던 것 같습니다. 결국 동생은 오간과 마려 등 십신의 달콤한 꾐에 빠져 기원전 18년경 일부 이

패수
한국 고대사에서 패수는 압록강, 청천강, 대동강, 예성강 등으로 다양하게 해석되고 있는데요. 삼국 시대로 한정 지으면 패수는 예성강을 가리키는 것이 분명합니다.

대수
대수는 현재의 임진강을 말해요. 임진강은 한강 바로 북쪽에 있습니다.

아리수
'한강'의 옛 이름입니다.

교과서에는

▶비류와 온조 형제는 남쪽으로 무리를 이끌고 내려가 미추홀(인천)과 위례성(서울)에 자리를 잡았습니다.

비류 집단 남하 경로

동부여

고구려

환인(졸본부여)

국내성

압록강

낙랑군

평양성

예성강   임진강

북한강

훗날 백제의 수도 위례성으로 추정

미추홀

남한강

목지국

진한

마한

변한

주민을 데리고 아리수 북쪽으로 가 버렸지요. 그곳에서 하북 위례성

(河北慰禮城)을 세웠다나 뭐라나…….

김딴지 변호사 　 왜 그때 떠난다는 피고를 붙잡지 않았습니까?

비류 　 온조는 내 말을 듣지 않았어요. 미추홀의 땅이 짜고 습해서

농사가 잘 되지 않자 살 곳이 못 된다고 늘 불평을 했거든요.

김딴지 변호사 　 바닷가 근처라서 그럴 수도 있겠군요.

비류 　 그건 온조가 미추홀의 특성을 잘 몰라서 그런 거예요. 미추

홀은 부여계 이주민이 모여드는 최대의 항구이자 교역 장소였습니

다. 비록 땅이 짜고 습해서 농사짓는 데 어려움은 있었지만 활발한

무역 활동을 통해 많은 돈을 벌 수 있었죠. 하지만 이런 장점을 포기

하고 온조는 단지 농사짓고 수렵하기에 편한 곳으로 옮겨 간 것입니

다. 그런데 온조가 미추홀을 떠난 진짜 이유는 따로 있었지요.

김딴지 변호사 　 그 이유가 무엇인가요?

비류 　 온조는 내가 미추홀에 백제를 세우고 임금 노릇을 하는 것

을 시기했어요. 미추홀 백제가 해상 무역 등으로 부강해져 백성들이 나를 전폭적으로 지지하자, 다른 마음을 품고 내 곁을 떠날 생각을 한 것이지요. 내 그늘에 있는 것보다는 자기를 따르는 십신을 거느리고 또 다른 국가를 건설하려는 야망에 불타 있었던 것 같습니다. 결국 온조는 미추홀을 떠나 아리수 북쪽 언저리로 이주했답니다. 나는 동생의 뜻을 알았기에 온조의 성공을 진심으로 바랐고, 처음에는 경제적 지원도 해 주었습니다.

김딴지 변호사　　원고의 말을 종합해 보면, 이주해 온 부여인들이 처음에 미추홀에 도읍했고, 그때 미추홀의 정식 국호는 백제였으며, 그 미추홀 백제의 초대 임금이 바로 원고라는 말씀이군요? 그런데 왜 국가 이름을 백제라고 지었나요?

비류　　▶나는 미추홀 백제의 제1대 국왕이었습니다. 나라 이름을 백제라고 정한 것은 '백가가 바다를 건너왔다'는 것을 부각시키고자 했기 때문이었습니다. 백제의 '백(百)'은 100을 의미하며, 곧 나와 함께 내려온 백가를 가리키지요. '제(濟)'는 '물을 건너다'라는 뜻입니다.

김딴지 변호사　　그렇다면 피고가 시종일관 백제 시조가 자신이라고 주장하는 것에 대해서는 어떻게 생각하시나요?

비류　　들을 가치도 없는 주장입니다. 원조 백제 시조는 바로 나입니다. 온조가 나중에 우리 미추홀 백제를 통합하고 나서 '백제'라는 나라 이름을 가져다 쓴 겁니다. 그래서 십제의 시조였던 온조가 갑자기 백제의 시조로 탈바꿈되었던 것이고요.

원고 측의 발언이 끝나자 방청객들은 놀랍다는 듯 크게 술렁였다.

"그럼 그렇지! 진실은 꼭 밝혀지는 법이지!"

비류에 동조하는 방청객은 상기되어 얘기를 주고받았고, 피고 측에 동조하는 방청객은 아직도 믿을 수 없다는 듯 인상을 찌푸리고 있었다. 그때 더 이상 참을 수 없다는 듯 이대로 변호사가 자리를 박차고 일어났다. 그는 원고 측에게 맹공을 퍼부으려는 듯 상기된 얼굴로 서류 뭉치를 뒤적였다.

이대로 변호사　　존경하는 판사님! 저는 지금까지 참을 만큼 참았습니다. 이제 제발 저에게 반박할 기회를 주셔서 원고가 지금까지 엉터리 주장을 하고 있다는 것을 증명하게 해 주십시오.

판사　　좋습니다. 피고 측 변호인은 변론하세요.

이대로 변호사　　원고는 계속해서 자신이 원조 백제 시조라고 주장합니다. 하지만 모든 역사서에 그러한 사실이 기록되지 않은 이유는 뭐라고 생각하시나요?

비류　　그거야 온조가 일부러 우리 미추홀 백제의 역사를 없애 버렸거나 훗날 역사가들이 내 존재를 지워 버렸기 때문이겠지요.

이대로 변호사　　과연 그럴까요? 아까 원고가 미추홀까지의 이동 과정을 진술하는 것을 들으니 한 편의 역사 소설 같더군요. 판사님, 원고는 패수와 대수를 거쳐 바로 미추홀로 내려간 것이 아닙니다. 이러한 사실을 피고 신문을 통해 확인하도록 하겠습니다.

2

온조는 어디에
나라를 세웠을까?

이대로 변호사   피고, 피고는 고구려에서 어떤 경로를 통해 남쪽으로 내려왔습니까?

온조   나는 바닷길보다 안전한 육로를 따라 내려왔습니다. 비류 형님, 십신과 함께 졸본에서 압록강 하구에 이른 다음 해안선을 따라 내려온 것이지요. 해안선은 태양이 뜨고 지는 것과 별자리를 관측할 수 있어서 방향을 쉽게 탐지할 수 있었기 때문에 큰 도움이 되었습니다.

무엇보다 우리는 낙랑군의 중심지인 평양성을 최대한 우회하기 위해 해안선을 따라 걷고 또 걸었지요. 그러다 큰 강을 만나면 작은 배 여러 척을 타고 건넜습니다. 그렇게 해서 드디어 아리수 북쪽의 **한산(漢山)**에 이르렀습니다. 십신과 더불어 한산에 있는 **부아악(負兒**

한산
『삼국사기』「백제본기」온조 왕조에 나타나는 한산은 지금의 북한산과 그 일대 지역을 가리킨다는 것이 일반적인 학설이에요.

부아악
부아악은 지금의 북한산을 가리킵니다.

獄)에 올라 사방을 관찰해 보니, 아리수 남쪽 땅이 비옥할 뿐만 아니라 다른 나라의 침입을 막기에도 유리할 것 같더군요. 나는 장차 그곳에 도읍하기로 마음먹었습니다.

그러나 여러 여건상 당장은 그곳에 도읍할 형편이 못 되었습니다. 그래서 나는 급한 대로 부아악 근처에 하북 위례성을 쌓고 나를 따라온 고구려 백성들을 정착시켜 살게 했지요. 나는 하북 위례성을 임시 도읍지로 하고 나라 이름을 십제로 정했습니다.

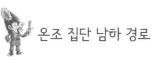
온조 집단 남하 경로

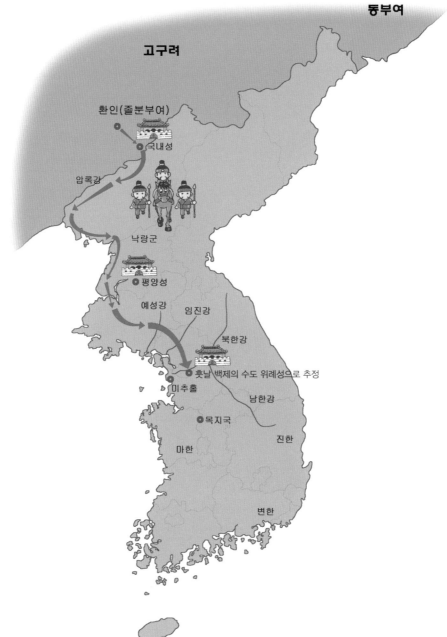

동부여

고구려

환인(졸본부여)

국내성

압록강

낙랑군

평양성

예성강   임진강

북한강

훗날 백제의 수도 위례성으로 추정

미추홀

남한강

목지국

마한   진한

변한

이대로 변호사   그렇다면 원고의 말처럼 배를 타고 바다를 건너서 미추홀로 온 것이 아니군요. 해로가 아닌 육로를 선택한 이유는 무엇입니까?

온조   나는 해안선을 따라 육로로 내려와 한산에 이르렀습니다. 배를 타고 바다를 건너 내려온 것이 아니지요. 당시의 항해 기술이나 배를 만드는 수준으로는 대규모 이주민 집단을 거느리고 바다를 건넌다는 것은 거의 불가능했습니다. 장마철이나 태풍이 부는 계절에 항해를 하려면 거의 목숨을 걸어야 했으니까요. 안전한 해안선을 따라 육로로 내려올 수밖에 없었습니다.

또 나는 낙랑군과 마주치지 않으려고 그들을 비켜 지나가고자 했습니다. 그들 또한 공격할 의사가 없었는지, 낙랑군 태수는 우리 고구려 백성들이 남하하는 것을 방해하지 않았지요.

김딴지 변호사   판사님, 지금 피고는 역사책에 나오지도 않는 내용으로 소설을 쓰고 있습니다. 반박할 기회를 주시기 바랍니다.

판사   피고 측 발언이 모두 끝난 후에 종합해서 이의를 제기하도록 하세요. 피고 측은 계속 발언해 주세요.

이대로 변호사   감사합니다, 판사님. 계속 피고에게 묻겠습니다. 당시의 항해 기술이나 배를 만들던 수준을 말씀해 주시겠어요?

온조   나는 기원전에 태어난 사람입니다. 내가 살았을 때는 고작 10~20명 정도의 인원을 태울 수 있는 작은 배밖에 만들지 못했습니다. 그만큼 선박을 만드는 수준이 뒤떨어졌지요. 대부분의 백성은 뗏목을 타고 강을 건너는 정도였습니다.

왜 온조는 백제를 세웠을까?

이대로 변호사   판사님, 피고의 말이 맞습니다. 200~300명 정도를 태울 수 있는 큰 배를 만들기 시작한 것은 조선 시대에 들어와서입니다.

　피고, 그렇다면 그 시절에 대규모 인원을 거느리고 바다를 건넌다는 것은 거의 불가능한 일이었겠군요. 그렇다면 원고 측의 '백가가 바다를 건너와 백제를 세웠다'는 주장은 말이 되질 않습니다.

온조   나는 비류 형님이 뭔가 착각을 하고 있다고 생각합니다. 후대의 사실을 마치 형님 대에 일어난 사실처럼 얘기했습니다.

이대로 변호사   그렇습니다, 판사님. ▶백가가 바다를 건널 수 있을 만큼의 항해 수준이라면 적어도 피고의 한참 후손인 **근초고왕** 때는 되어야 합니다. 근초고왕 때는 배를 타고 중국의 랴오시(遼西) 지방까지 진출하여 잠시나마 백제의 영토로 삼았던 적도 있었으니까요.

　방청객들이 이대로 변호사의 논리 정연한 말솜씨에 감탄하면서 변론에 귀를 기울이고 있었다.

이대로 변호사   피고에게 다시 질문하겠습니다. 피고가 해안선을 따라 육로로 한산에 도착하였을 때 원고는 어디에 있었나요?

온조 　물론 비류 형님은 우리와 같이 있었습니다. 별로 능력이 없었던 비류 형님은 식량이나 축내면서 그저 뚜벅뚜벅 나와 십신을 따라왔을 뿐입니다.

　비류 형님은 졸본 부여에서 살 때부터 농사를 짓거나 사냥하는 것을 싫어했어요. 비류 형님은 장사를 해서 돈을 벌고자 하셨지요. 무역 항구로서 최상의 조건을 갖춘 미추홀로 간 것도 그 때문입니다. 비류 형님은 낙랑군·마한과 무역을 해서 부자가 되고 싶어했는데, 나와 십신은 비류 형님이 미추홀에 가서 사는 것을 반대했습니다. 그곳은 땅이 짜고 습할 뿐만 아니라 농사를 짓지 못해 백성들이 따뜻하고 배부르게 먹고 살 수 있는 곳이 아니었기 때문입니다.

이대로 변호사 　미추홀이 농사짓기에 알맞지 않았다는 건 앞서 원고도 인정했는데요. 그렇다면 피고가 국호를 '십제'라고 정한 이유는 무엇입니까?

온조 　으음. 내가 혼자 힘으로 나라를 세운 게 아니기 때문입니다. 훌륭한 열 명의 신하들의 도움을 받아 하북 위례성에 국가를 세웠으므로 마땅히 나라 이름을 십제라고 지은 것이지요. 이 열 명의 신하는 졸본 부여 때부터 나를 보필해 왔던 충신들로 졸본 부여와 그 주변 지역의 부족장들이기도 했습니다. 이들의 공을 기리기 위해 나라 이름을 십제라고 지은 것입니다.

이대로 변호사 　피고는 하북 위례성에 처음 나라를 세웠는데요, 그곳은 어디까지나 임시 수도였지요?

온조 　그렇습니다. 이후 나는 하북 위례성에서 아리수 남쪽으로

　왜 온조는 백제를 세웠을까?

도읍을 옮겼습니다.

이대로 변호사　언제 천도하였죠?

　질문을 받은 온조는 몹시 힘들었던 옛 시절이 떠오른 듯 잠시 눈을 감았다 뜨며 대답했다.

온조　그때가 아마 내가 십제의 국왕으로 재위한 지 14년이 되던 해, 그러니까 기원전 5년입니다. 나는 하북 위례성에서 아리수 남쪽으로 옮겨 그곳에 하남 위례성(河南慰禮城)을 건설하였습니다.

이대로 변호사　하북 위례성에서 하남 위례성으로 옮긴 이유를 구체적으로 말씀해 주시겠습니까?

온조　낙랑군과 말갈의 계속되는 침입을 효과적으로 방어하고 안전을 도모하기 위해서였습니다. 내가 십제를 건국한 지 얼마 안 되어 낙랑군 태수가 말갈 군대를 용병으로 삼아 끊임없이 우리 하북 위례성을 공격했지요. 급기야 낙랑군 태수가 직접 군대를 이끌고 침략해 왔고요. 심각한 위협을 느껴 아리수 남쪽으로 천도할 수밖에 없었습니다.

판사　하남 위례성은 지금의 어디인가요? 장소를 알려 주시겠습니까?

이대로 변호사　▶서울시 송파구 풍납 토성이 하남 위례성의 정확한 위치입니다. 몽촌 토성이 하남 위례성이라는 주장도 있으나 가능성이 낮습니다. 아무튼 풍납 토성은 흙으로 쌓은 성인데 규모가 어마어마하답니다. 몽촌 토성은 비할 바가 아닙니다.

　피고, 그럼 하남 위례성으로 천도한 직후의 상황에 대해 말씀해 주시겠어요?

온조　내가 재위한 지 17년 되던 해(기원전 2년)에 낙랑군 태수의 군대가 우리 하북 위례성을 불태우는 만행을 저질렀습니다. 차마 눈 뜨고는 못 볼 참담한 광경이었죠. 하지만 천만다행으로 하남 위례성까지 쳐들어오지는 않더군요.

　　　"그래, 그런 끔찍한 일이 있었지."

　　왜 온조는 백제를 세웠을까?

풍납 토성의 사진(서울역사박물관)　　　　　　　풍납 토성의 사진(국립문화재연구소)

　　온조와 함께 하남 위례성에 터를 잡았던 마을 주민 몇몇이 재판에
참석하였는데, 온조의 발언을 듣더니 눈시울을 적시며 속삭였다. 이
들은 눈가를 훔치며 온조의 이야기에 계속 귀를 기울였다.

이대로 변호사　　그렇다면 낙랑군 태수가 보낸 군대가 하북 위례성
만 불태우고 가 버렸나요, 아니면 다른 곳도 공격했나요? 혹시 미추
홀까지 공격하지는 않았나요?

온조　　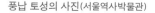미추홀은 기원전 18년에 내가 세운 십제에 이미
병합되었기 때문에 낙랑군이 공격할 필요조차 없었습니
다. 내가 즉위한 직후 미추홀은 살기 어려운 곳으로 판단
되어 그곳 백성들 다수가 우리 십제로 도망쳐 왔고, 비류
형님은 자살하고 말았으니까요.

교과서에는

▶ 비류와 온조는 각각 미추
홀(인천)과 위례성(서울)에
자리를 잡았는데, 뒤에 비류
세력이 온조 세력에 흡수되
었다고 합니다.

이대로 변호사   그렇군요. 미추홀은 낙랑군이 쳐들어오기 전에 이미 십제에게 정복되었군요. 그러면 낙랑군의 최대 적수는 십제에서 발전한 백제였겠네요?

이때 잠자코 경청하고 있던 김딴지 변호사가 얼굴을 찌푸리며 벌떡 일어났다.

김딴지 변호사   역사 소설을 쓰는 쪽은 우리가 아니라 이대로 변호사 당신이오! 더 이상 참을 수가 없군요. 존경하는 판사님! 판사님의 훌륭하신 인격에 흠이 나지 않도록 제가 피고 측에 반박할 소중한 기회를 주시기 바랍니다.

　판사가 무슨 중요한 서류를 뒤적이는 듯하더니 이윽고 목소리를 가다듬고 말문을 열었다.

판사　　지금까지 원고와 피고가 어떤 경로로 이동해서 어디에 국가를 세웠는지 들어 보았는데, 이제부터는 누가 '원조 백제 시조'인가 하는 문제로 넘어가겠습니다. 방금 원고 측 변호인이 발언권을 달라고 했으니 원고 측부터 시작하도록 하지요. 원고 측 변호인은 원고가 원조 백제 시조인 이유를 가능한 모든 자료와 증인을 토대로 입증해 보도록 하세요. 원고 측 변호인의 신문이 끝나면 피고 측에게도 똑같이 변론의 기회를 주도록 하겠습니다.

한성 백제의 초기 수도인
풍납 토성

풍납 토성은 서울 송파구에 있는 토성 유적입니다. 정식 명칭은 광주 풍납리 토성(廣州風納里土城)으로 1963년 1월 21일, 사적 11호로 지정되었습니다. 풍납 토성이 처음 발견된 것은 1925년 큰 홍수가 났을 때이지요. 다량의 백제 유적과 유물이 발견되어 학계의 주목을 받기 시작하였는데, 아마도 한성 백제 시대(온조왕~개로왕)의 하남 위례성일 가능성이 크다고 보고 있습니다.

풍납 토성은 둘레가 약 3.7킬로미터, 기초 부분의 너비가 30~40미터, 높이가 약 8미터, 넓이가 약 26만 평(85만 9508제곱미터)으로 현존하는 토성 중 최대 규모인데요. 국립 문화재 연구소는 방사성 탄소 연대 측정 결과 이 성이 기원전 2세기에서 기원후 3세기에 축성된 것이라고 발표하였습니다.

성의 규모와 축성 시기를 보았을 때, 당시 이 성을 축조한 백제는 이미 안정된 국가 체제를 수립한 것으로 보입니다. 풍납 토성의 성격에 대해서는 백제 도성인 위례성으로 보는 것이 일반적인데, 방어성으로 보는 견해도 있습니다. 더 면밀히 연구, 조사되어야겠지요. 어쨌든 풍납 토성은 초기 백제의 중요한 성으로서 당시의 모습을 살필 수 있는 중요한 유적이며, 주변의 몽촌 토성과 석촌동 고분군과 관련해 역사적 가치가 매우 높답니다.

왜 온조는 백제를 세웠을까?

3

온조가 백제 시조라고
주장하는 이유는 무엇일까?

김딴지 변호사　　고맙습니다, 판사님. 그럼 원고가 원조 백제 시조라는 것을 지금부터 확실히 증명해 보이겠습니다. 평생 미추홀에서 살면서 상업에 종사했던 해구를 증인으로 신청했습니다. 불러 주시기 바랍니다.

판사　　좋습니다. 증인은 나와서 선서를 해 주십시오.

해구　　저는 미추홀 백제의 상인으로서 한 치의 거짓 없이 오로지 진실만을 말할 것을 맹세합니다.

김딴지 변호사　　증인, 간단히 자기소개를 해 주실까요?

해구　　안녕하세요. 나는 성은 해이고 이름이 구입니다. 졸본 부여의 큰 부자였던 연타발 님을 모시며 장사를 했습니다.

김딴지 변호사　　연타발이라면 지난주 재판에 나오셨던 증인 소서

혼강

혼강은 중국 랴오닝 성 동부를 흐르는 강으로 고구려의 발원지이기도 합니다. 전체 길이는 415킬로미터, 유역 면적은 1만 1500제곱킬로미터에 달하지요.

노의 아버지인데, 증인은 연타발을 잘 알고 계시군요?

해구 그럼요. 연타발 님은 혼강(渾江)과 압록강 유역에서 배를 타고 교역을 하여 큰 부자가 되었습니다. 나는 그를 보필하였던 사람들 중 하나였지요. 연타발 님의 권세는 마치 국왕과도 같아서 졸본 부여 사람들치고 그에게 복종하지 않는 자가 없었습니다. 연타발 님의 따님은 고주몽과 재혼하여 잘 지내고 있었고요.

그런데 어느 날 비류 님이 어머니와 백성을 데리고 새로운 땅으로 이주하려고 했습니다. 그래서 나도 따라나서게 되었지요. 나는 백가라고 불리는 부여 계통 사람들 가운데 하나였어요.

정말이지 압록강 하구에서 수백 척의 배를 타고 내려오는데 볼만했어요. 그때만 생각하면 가슴이 벅차 옵니다. 비류 님을 따라 우리는 미추홀에 정착하여 살게 되었어요. 물론 나는 장사를 계속했습니다.

김딴지 변호사 그렇다면 증인은 원고와 함께 미추홀에 정착해 백제를 세운 시기가 언제인지 아시겠군요?

해구 내가 장사나 하는 어리석은 백성이어서 비류 님이 언제 백제를 세웠는지는 정확히 기억나지 않습니다. 하지만 듣기로는, 온조 님이 십제를 세우기 이전에 '백제'라는 나라 이름을 이미 사용했다고 합니다.

김딴지 변호사 그렇다면 증인은 피고 온조가 미추홀 백제에서 얹혀살다가 아리수 북쪽으로 옮겨 간 사실을 알고 있었나요?

해구 온조 님이 우리 미추홀 백제에 잠시 사셨다는 소문은 들은 적이 있습니다. 그러나 내가 직접 본 것이 아니므로 함부로 말할 수는 없겠고요. 다만 한참 후에 온조 님이 열 명의 신하를 데리고 아리수 북쪽에서 십제를 세웠다는 소문이 돈 것은 사실이에요.

이대로 변호사　판사님, 이의 있습니다. 지금 증인은 본인이 정확히 본 것이 아니라 남에게 들은 내용을 전달하고 있을 뿐입니다. 이는 정확하지 않은 소문일 수 있기 때문에 증언으로 채택될 수 없습니다.

판사　받아들입니다. 증인은 본인이 직접 확인한 사실만 증언해 주시기 바랍니다.

해구　네…… 알았습니다.

판사의 엄격한 말에 증인 해구는 목이 쏘옥 들어간 채 풀 죽은 목소리로 대답했다. 그래도 김딴지 변호사는 꿋꿋하게 고개를 들고 질문을 계속했다.

김딴지 변호사　증인은 미추홀 백성의 대표로 이 자리에 섰는데, 미추홀 백제의 백성은 비류가 원조 백제 시조라는 것을 모두 믿고 있었나요?

해구　그럼요. 비류 님은 나를 비롯한 백가를 모두 포용하여 백제국을 건설했습니다.

김딴지 변호사　그렇군요. 한 가지만 더 묻겠습니다. 중요한 질문인데요, 그렇다면 증인이 살았던 미추홀은 언제, 어떤 계기로 세력이 약화되어 결국 피고에게 통합되었나요?

해구   건국 초기에 우리 미추홀 백제는 낙랑군이나 마한과 친하게 지냈습니다. 그들과 무역을 해야 먹고살 수 있었기 때문이죠. 그런데 부여 계통 이주민들이 속속 우리 미추홀 백제로 몰려 들어와 순식간에 미추홀 백제의 세력이 낙랑군과 대결할 만큼 커지자, 낙랑군과 마한은 우리를 심하게 견제했어요. 급기야 낙랑군 태수가 군대를 보내 우리 미추홀을 공격했는데 그때가…… 기원전 2년경입니다.

김딴지 변호사   그렇습니까? 좀 전에 피고는 분명 기원전 18년에 미추홀을 통합했다고 했는데요, 그것이 새빨간 거짓말로 탄로나는 순간이군요. 정말 어이가 없네요. 증인, 좀 더 자세히 그때의 상황을 말씀해 주실 수 있나요?

해구   내가 자세한 상황까지는 정확하게 알지 못합니다. 하지만 확실한 것은, 낙랑군 태수가 온조가 세운 십제를 공격하려다 실패하고 우리 미추홀을 공격했다는 것입니다. 결국 우리는 커다란 피해를 입고 항구에 모여 살던 사람들이 뿔뿔이 흩어졌지요. 더 심각한 건, 교역을 하지 못해 돈을 벌 수가 없으니 굶어 죽을 지경이 되었다는 거예요.

　　비류는 증인 해구의 증언을 보충 설명하고자 판사를 향해 손을 들었다.

비류   사실입니다. 낙랑군 태수는 온조의 하북 위례성을 공격했지만 이미 온조는 하남 위례성으로 떠난 뒤였습니다. 그러자 낙랑군은 목표를 바꿔 우리를 공격했지요. 하지만 우리는 낙랑군과 대결할 만큼의 전력이 아니었습니다. 결국 나는 온조에게 편지를 보내 도움을 요청할 수밖에 없었고 우리나라를 통째로 바칠 수밖에 없었습니다. 참담한 심정이었으나 그것이 최선이었다고나 할까요. 그러고 나서 온조는 내게 옛 미추홀 백성들을 다스릴 권한을 주더군요.

김딴지 변호사 그렇군요. 원고의 입장에서는 한나라의 식민지인 낙랑군에게 병합되느니 아우의 나라인 십제에게 국가의 운명을 맡기는 편이 훨씬 나았겠군요.

한편으로 피고가 미추홀을 통합하고 나서 십제에서 백제로 나라 이름을 바꿨다고 하는데, 그것은 피고가 스스로 그렇게 한 것인가요, 아니면 어떤 이유가 있었나요?

비류 비록 내가 세운 미추홀 백제가 낙랑군의 공격을 받아 나라를 통째로 동생에게 바치는 운명에 처했지만 백제라는 나라 이름마저 잃고 싶지는 않았어요. 그래서 온조에게 나라 이름을 백제로 하는 것이 어떻겠느냐고 물었습니다. 그래야만 우리 미추홀 백제의 정통성을 이어받아 십제가 백제로 성장한 것을 세상에 보여 줄 수 있다고 믿었거든요.

김딴지 변호사 결과는 어땠습니까?

비류 온조는 한참을 고민하더니 결국 내 건의를 받아들였습니다. 그래서 온조의 십제가 백제라는 국가 이름을 가지게 된 것입니다. 백제라는 나라 이름은 우리 미추홀 백제에서 따온 것이 확실하고요, 국가 이름을 정하는 데 내가 기여를 한 셈이죠. 이것은 역사에서 밝

혀지지 않은 부분이기도 합니다.

김딴지 변호사　　그렇군요. 원고가 피고에게 국가 이름을 백제로 하자고 건의해서 결국 그렇게 되었다는 말씀이군요. 그렇다면 피고의 십제는 미추홀 백제의 정통성을 물려받은 셈이고, 미추홀 백제의 백성을 거두는 효과도 누렸겠군요?

비류　　그렇지요. 하지만 나는 미추홀 백제의 국왕에서 동생이 다스리는 백제국의 신하가 되었을 뿐입니다. 어쨌든 내 자식과 친척들은 온조의 충직한 신하가 되어 백제국을 잘 통치했답니다. 그게 유일한 위안거리라고나 할까요.

판사　　원고 측 변호인, 추가 자료 제출이나 증인 채택을 하시겠습니까?

김딴지 변호사　　아닙니다. 제가 준비한 것은 여기까지입니다. 이것만으로도 피고 온조가 원조 백제 시조가 아니라는 것이 충분히 드러났다고 봅니다.

판사　　그럼 이제부터는 피고 측의 변론을 들어 보도록 하지요.

이대로 변호사　　감사합니다, 판사님. 저 역시 온조가 원조 백제 시조라는 것을 명백히 증명할 많은 자료와 증인을 확보했습니다. 먼저 십신의 대표로 하북 위례성과 하남 위례성에 도읍지를 정하는 데 결정적 역할을 했던 오간을 증인으로 불러 주시기 바랍니다.

　　홀쭉하게 말랐으나 점잖게 생긴 남자가 복도를 따라 걸어 나와 판사에게 인사를 한 후 배심원과 방청석을 향해 목례를 하였다.

판사　증인은 증인 선서를 해 주시기 바랍니다.

오간　나는 신성한 한국사법정에서 오직 진실만 말할 것을 선서합니다!

이대로 변호사　반갑습니다. 증인은 간단히 자기소개를 해 주시겠어요?

오간　나는 졸본 부여에 있을 때부터 온조 님을 곁에서 지킨 충직한 신하 오간이라고 합니다.

이대로 변호사　십신이 피고와 함께 졸본 부여를 떠났다고 했는데, 사실입니까?

오간　사실입니다. 유리가 고주몽 님에 이어 왕위에 오르게 되자, 나를 비롯한 십신은 온조 님에게 따뜻하고 비옥한 남쪽 나라로 내려가자고 적극적으로 건의했습니다. 결국 갖은 시련을 모두 이겨 내고 우리는 한산에 도착하였습니다.

이대로 변호사　증인을 비롯한 십신이 한산 부아악에 올라 도읍지를 찾고 있을 때 원고도 동행했습니까?

오간　그렇습니다. 비류 님도 저희들과 함께 부아악에 올랐습니다. 우리는 정상에 올라 살 만한 곳을 둘러보았는데, 아리수 남쪽 땅에 넓은 농경지가 있을 뿐만 아니라 비옥해서 천혜의 옥토라는 것을 한눈에 알아볼 수 있었습니다. 그래서 나는 십신을 대표해서 그곳에 도읍하자고 건의드렸지요. 비류 님은 완강히 거부했고 온조 님은 바로 승낙하셨습니다.

이대로 변호사　왜 원고는 아리수 남쪽 땅에 도읍하는 것을 반대했

을까요? 그 이유를 말씀해 주시겠습니까?

오간　비류 님은 바닷가에 살기를 원했습니다. 내가 마려 등과 더불어 적극적으로 만류했지만 듣지 않더군요. 아마 바닷가에 살면서 해상 무역을 통해 커다란 부를 얻고자 했나 봅니다. 그리고 본래 비류 님은 농사와 목축업을 좋아하지 않았죠. 상업에 자신의 모든 것을 걸었다고나 할까요?

이대로 변호사　그렇군요. 증인 오간에게 마지막으로 질문하겠습니다. 지금 원고 측은 원고가 '미추홀 백제의 시조'라고 우기는데, 원래 미추홀의 나라 이름이 백제였나요?

오간   말도 안 되는 소리예요. 미추홀은 지명이고요, 비류 님은 나라 이름조차 정하지 못했습니다. 그냥 미추홀 소국(小國)이라고 불렀지요. 그만큼 미추홀 소국이 우리 십제와는 비교가 안 될 정도로 국력이 약했습니다. 백제는 온조 님이 재위 1년, 곧 기원전 18년에 미추홀을 정치적, 군사적으로 통합하고 나서 지은 이름입니다.

이대로 변호사   잘 알았습니다. 수고 많으셨습니다.

증인이 제자리로 돌아간 후 이대로 변호사는 판사와 방청객, 배심원들을 둘러보았다. 그리고 자신감 있는 눈빛으로 김딴지 변호사를 쳐다본 후 입을 열었다.

이대로 변호사   한국사법정에 모이신 배심원과 방청객 여러분! 온조가 왜 유일한 백제 시조인지 피고에게 직접 물어본다면 명쾌한 답이 나오지 않겠습니까? 존경하는 판사님! 제가 피고에게 몇 가지 질문을 할 수 있도록 허락해 주시기 바랍니다.

판사   좋습니다.

이대로 변호사   피고에게 묻겠습니다. 원고는 피고가 '원조 백제'가 아닌 '통합 백제'의 시조라고 주장하는데 이에 대한 피고의 생각을 말씀해 주시죠.

온조   비류 형님은 미추홀이 '미추홀 백제'라고 주장하는데요. 좀 전에 있었던 오간의 증언처럼 미추홀은 지역 이름이지 나라 이름이 아닙니다. 비류 형님은 국가의 이름조차 정하지 못했다니까요. 비류 형님이 백제라는 이름을 사용했다는 흔적이나 증거가 전혀 없어요. 혹시 국가 이름이 있었을지도 모르지만, 나는 모르는 일입니다. 더군다나 내가 원조 백제의 시조가 아니라고요? 말도 안 되는 얘길 자꾸 하시니……. 나는 미추홀을 통합하고 나서 내 손으로 십제에서 백제로 나라 이름을 바꿨습니다.

이대로 변호사 피고가 직접 이름을 고민한 후 바꿨다는 말인가요?

온조 나 혼자만 생각한 건 아니고요, 오간과 마려 등 십신의 건의를 받아들이고 내게 투항한 미추홀 왕족과 귀족의 의견을 수렴하여 백제라는 국가 명칭을 정했습니다.

이대로 변호사 명쾌한 답변 고맙습니다. 그러면 백제라는 국명의 의미에 대해서 설명해 주시겠습니까?

온조 백제라는 나라 이름은 십제가 미추홀을 통합함으로써 영토가 더욱 넓어지고 국력이 더 강해졌다는 의미입니다. 내가 미추홀을 포함한 여러 소국들을 정복한 결과 십제의 인구가 많이 늘어났고 군사력이 증대되었을 뿐만 아니라 농업, 목축업, 상업 등이 크게 발전했기 때문에 국가 이름을 백제로 바꾸었던 것입니다. 그래서 '열 십(十) 자'에서 '일백 백(百) 자'로 국가 이름을 바꿨지요.

이대로 변호사 판사님, 피고의 증언으로 원고가 '원조 백제 시조'는 자신이며 '통합 백제 시조'가 피고라고 주장한 것이 얼마나 터무니없는지 명백히 드러났다고 봅니다. 이상입니다.

판사 　지금까지 꽤 긴 시간 동안 양측 증인들의 증언을 들어 보았는데요. 양측 모두 설득력 있는 주장을 펼쳤다고 생각됩니다. 원고와 피고의 열띤 법정 공방을 보고 있으니 정말 누가 진짜 원조 백제 시조인지 가리기가 쉽지 않네요. 두 분 모두 백제 시조일 수도 있고, 어느 한 분만 백제 시조일 수도 있겠군요. 어쨌든 판단은 세 번째 심리까지 모두 끝나 봐야 알 것 같습니다. 오늘 심리는 이것으로 마치겠습니다.

　땅, 땅, 땅!

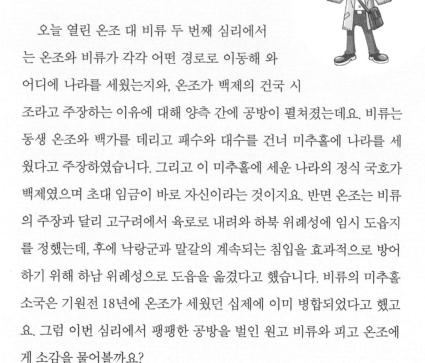

다알지 기자

오늘 열린 온조 대 비류 두 번째 심리에서
는 온조와 비류가 각각 어떤 경로로 이동해 와
어디에 나라를 세웠는지와, 온조가 백제의 건국 시
조라고 주장하는 이유에 대해 양측 간에 공방이 펼쳐졌는데요. 비류는
동생 온조와 백가를 데리고 패수와 대수를 건너 미추홀에 나라를 세
웠다고 주장하였습니다. 그리고 이 미추홀에 세운 나라의 정식 국호가
백제였으며 초대 임금이 바로 자신이라는 것이지요. 반면 온조는 비류
의 주장과 달리 고구려에서 육로로 내려와 하북 위례성에 임시 도읍지
를 정했는데, 후에 낙랑군과 말갈의 계속되는 침입을 효과적으로 방어
하기 위해 하남 위례성으로 도읍을 옮겼다고 했습니다. 비류의 미추홀
소국은 기원전 18년에 온조가 세웠던 십제에 이미 병합되었다고 했고
요. 그럼 이번 심리에서 팽팽한 공방을 벌인 원고 비류와 피고 온조에
게 소감을 물어볼까요?

비류

온조가 육로를 통해 졸본 부여에서 한산까지 내려왔다면 분명히 낙랑군의 영토를 거쳤을 텐데, 낙랑군 태수가 이를 가만히 내버려 뒀을 리가 없습니다. 즉 육로를 통해 내려왔다면 낙랑군의 공격을 받아 한산에 십제를 세울 수가 없었겠지요. 이것이 첫 번째 의문점입니다. 또 온조가 십제를 건국하자마자 미추홀을 통합했다고 말하지만 미추홀을 통합한 시기는 『삼국사기』를 비롯한 역사책에서는 확실히 알 수가 없습니다. 이것이 바로 두 번째 의문점이지요. 그 밖에도 피고 측이 주장하는 내용들은 모두 의문투성이입니다.

왜 온조는 백제를 세웠을까?

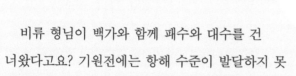

온조

비류 형님이 백가와 함께 패수와 대수를 건

너왔다고요? 기원전에는 항해 수준이 발달하지 못

해 그렇게 대규모 인원을 거느리고 바다를 건넌다는 것은 불가능한 일

이었습니다. 교과서에도 근초고왕 때에야 배를 타고 중국의 랴오시 지

방까지 진출했다고 나오지 않습니까? 이것만 보아도 비류 형님이 얼마

나 허황된 주장을 하고 있는지 증명되었다고 봅니다. 또 만약 비류 형

님이 세웠다는 '미추홀 백제'가 그렇게 강한 나라였다면, 어째서 미추

홀의 현 주소인 인천 지방에서 거대한 토성이나 석성이 발굴되지 않는

걸까요? 이것은 미추홀 소국이 오래 존재하지 못했거나, 존재했더라도

크기가 매우 작았다는 것을 의미합니다.

위례성에 자리 잡은 백제의 유물

　백제는 온조가 위례성에 도읍하여 세운 나라라고 『삼국사기』에 전해집니다. 백제의 첫 도읍지인 위례성의 위치에 대해서는 다양한 견해가 있는데, 예전에는 경기도 하남시 일대와 서울 몽촌 토성이 위례성일 것으로 추정되었지요. 하지만 최근에는 서울의 풍납 토성이 유력하게 거론되고 있답니다. 이곳에서 건물 터가 발견되고 수많은 유물이 나왔기 때문이지요. 그렇다면 위례성이 있었을 것으로 짐작되고 있는 풍납 토성과 몽촌 토성에서 어떤 유물이 나왔는지 한번 알아볼까요?

초두

긴 자루가 달리고 다리가 셋인, 무쇠나 양은으로 만든 작은 솥을 일컬어
초두라고 해요. 머리처럼 툭 튀어나온 부분이 있어서 붙여진 이름이지
요. 사진 속 유물이 바로 초두인데, 술 등 액체를 데우는 용도로 사용되
었을 것으로 짐작된답니다. 청동으로 만들어졌으며 높이는 20센티미터
가 넘어요. 서울 송파구 풍납동에 위치한 풍납 토성에서 발견된 유물로
백제 시대인 3~4세기에 만들어졌을 것으로 추측된답니다.

수막새

서울 풍납 토성에서 발견된 수막새입니다. 흔히 지붕을 만들 때 쓰이던
기와는 수키와와 암키와로 나뉘는데, 용마루에서 처마까지 쭉 이어진
수키와의 기왓등 끝에 붙이도록 만들어진 기와가 수막새랍니다. 기왓등
끝에 사용되었기에 암키와나 수키와에 비해 수량이 극히 적지요. 그런
데 서울 풍납 토성에서 4~5세기에 만들어진 백제의 수막새가 발견되어
이곳에 백제의 건축물이 세워졌음을 입증하고 있답니다.

한성기 토기

고구려와 같은 갈래인 부여계 이주민이 한강 유역에 자리 잡으면서 시
작된 나라가 백제예요. 이 백제가 한강 유역에서 힘을 키우던 시기를 '한
성기'라고 하지요. 왜냐하면 지금의 서울인 이곳을 예전에는 한성이라
불렀기 때문이에요. 사진 속 토기들은 모두 한성에서 발굴된 것으로 이
중에는 몽촌 토성에서 발견된 것도 있답니다. 몽촌 토성은 서울 송파구
방이동에 있는 토성으로 3세기 초에 세워진 것으로 추측되고 있지요.

출처: 국립중앙박물관 도록

온조가 백제를
강하게 만들었을까?

1. 온조는 왜 동명왕 제사를 지냈을까?
2. 온조가 낙랑군을 물리쳤다는 게 사실일까?
3. 온조는 마한을 정복했을까?

교과연계

역사
II. 삼국의 성립과 발전
  1. 삼국 및 가야의 성장
    (1) 고구려와 백제의 성장
      〈백제의 건국과 위례성의 위치〉

1

온조는 왜 동명왕 제사를
지냈을까?

판사　오늘은 마지막 재판이 있는 날입니다. 원고 측과 피고 측은 유종의 미를 거두기 위해 최선을 다해 변론하시기 바라며, 배심원과 방청객 여러분은 충분히 경청한 다음 심사숙고해서 피고의 유죄 여부를 판단해 주시기 바랍니다. 그럼 재판을 시작하겠습니다. 원고 측에서 먼저 발언하시지요.

김딴지 변호사　감사합니다, 판사님. 피고 온조는 원조 백제 시조가 아님이 너무나 분명한데도 계속해서 억지를 부리고 있습니다. 그것도 모자라 동명왕묘(東明王廟)를 세운 이유가 고주몽을 제사 지내기 위해서였다고 주장합니다. 여기서 동명왕은 고주몽이 아니라 북부여의 동명왕이 분명합니다. 그런데도 피고는 동명왕을 고주몽으로 확정 짓고 역사를 왜곡하고 있습니다. 이 문제에 대해서 원고의 증언을 들어 보겠습니다. 원고, 유쾌 상쾌 통쾌한 답변 부탁합니다.

비류　동생 온조가 기원전 18년, 즉 재위 1년에 세운 동명왕묘는 고주몽을 위한 사당이 아닙니다. 동명왕묘는 북부여의 시조이신 동명왕을 제사하기 위해서 세운 것입니다. 나도 미추홀 백제의 국왕으로 있을 때 동명왕묘를 세워 제사한 적이 있습니다. 나나 온조나 모두 졸본 부여 출신으로 북부여 시조이신 동명왕의 제사를 지내 왔습니다.

김딴지 변호사　그렇다면 피고는 왜 고주몽을 제사하기 위해 동명왕묘를 세웠다고 주장하는 것일까요?

비류　온조는 자신이 고주몽의 친아들로서 고구려의 태자가 될 충분한 자격이 있었는데 아쉽게도 태자 자리를 유리에게 양보하고 남쪽 지방으로 내려와 십제를 세웠으므로 고구려의 정통성을 이었다고 여기는 거죠. 그러니까 온조는 십제의 건국을 고구려의 일부 세력이 남하해서 이룩한 것으로 해석했다는 겁니다.

김딴지 변호사　그렇군요. 피고는 졸본 부여 출신임에도 불구하고 자신의 출신을 까맣게 잊고 의붓아버지인 고주몽이 세운 고구려만 흠모하고 있었던 것이군요.

이대로 변호사　존경하는 판사님! 지금 원고 측 변호인은 확실하지 않은 근거를 들어 피고의 인격을 모독하고 있습니다. 주의를 주시기 바랍니다.

판사　피고 측의 이의 제기를 받아들입니다. 원고 측 변호인은 확

동명왕묘

동명왕묘는 부여의 건국 시조인 동명왕을 제사하기 위해 만든 사당이에요. 학자들은 대개 부여에서 동부여가 갈라져 나왔고, 동부여에서 고구려가 갈라져 나왔으며, 고구려에서 백제가 갈라져 나왔으니, 부여·동부여·고구려·백제에서는 모두 동명왕묘를 세우고 종족의 시조인 동명왕을 모셨던 것으로 봅니다. 하지만 고구려와 백제에 세워진 동명왕묘는 부여의 동명왕이 아니라 고구려의 동명 성왕, 즉 고주몽을 제사하기 위한 사당이었다는 주장도 있답니다.

인된 사실로만 변론해 주시기 바랍니다.

김딴지 변호사   알겠습니다. 판사님, 동명왕묘가 고주몽의 사당이 아니라는 것을 증명하기 위해 증인을 불러 주시기 바랍니다.

판사   증인이 누구입니까?

김딴지 변호사   백제의 중흥을 이끌었던 성왕이십니다.

판사   좋습니다. 증인석으로 모셔 증언을 들어 보도록 합시다. 증인은 나와서 증인 선서를 해 주시기 바랍니다.

고귀하고 위엄이 느껴지는 남자가 복도를 따라 걸어 나왔다.

성왕　나는 백제 제26대 국왕으로서의 명예를 걸고 한 치의 거짓
없이 진실만을 말할 것을 맹세합니다.

김딴지 변호사　▶증인은 백제의 수도를 웅진에서 사비로 옮기면서
나라 이름을 남부여로 고친 적이 있지요?

성왕　내가 즉위한 지 16년째 되던 해, 즉 서기 538년에 국호를 백
제에서 남부여로 고쳤습니다.

김딴지 변호사　증인은 왜 국호를 남부여로 고치셨습니까?

성왕　백제는 고구려 장수왕의 침입을 받아 개로왕이 죽음을 당하
고 하남 위례성도 빼앗기게 됩니다. 개로왕의 아들인 문주왕은 남쪽
으로 수도를 옮길 수밖에 없었습니다. 그곳으로 웅진을 택했지요.

김딴지 변호사　그런데 증인은 왜 또 수도를 옮겼나요?

성왕　웅진은 방어에는 유리했지만, 너무 좁은 산골이라
대백제국의 도읍지로는 적절하지 않았습니다. 그래서 드
넓은 평야 지대에 자리 잡은 사비로 도읍을 옮기고, 국호
를 남부여로 고쳐 부르게 했지요. 여기서 남부여는 북부여
에 대치되는 말로서 북부여의 정통성을 백제국이 이어받
았다는 뜻을 내포하고 있습니다. 즉 남부여는 '남쪽의 부
여국'이란 의미이지요.

김딴지 변호사　아! 그렇게 깊은 뜻이……. 그럼 증인에게
한 가지 더 묻겠습니다. 동명왕묘에서 누구를 제사 지내셨

교과서에는

▶ 백제는 고구려가 남쪽으
로 내려오는 것을 막기 위
해 신라와 동맹을 맺었으
며, 그 후에 도읍을 사비로
옮기고 국력을 회복했습니
다. 백제가 본격적으로 중흥
의 기반을 마련한 것은 6세
기 중반 성왕 때였습니다. 성
왕은 수도를 웅진성에서 사
비성으로 옮기고 국호를 남
부여로 고쳤지요.

나요?

성왕   동명왕묘는 북부여의 동명왕 제사를 위한 사당입니다. 당연한 말이 되겠지만 북부여의 동명왕에게 제사를 지낸 것이지요.

김딴지 변호사   증인의 훌륭한 답변 감사합니다. 존경하는 판사님, 그리고 배심원 여러분! 지금까지의 증언으로 볼 때 동명왕묘는 고구려의 주몽이 아닌 북부여의 동명왕을 제사하기 위한 사당이었음이 확실해졌습니다. 그런데도 피고 측은 동명왕묘가 고주몽을 제사하기 위한 사당이라고 우기고 있습니다. 판사님, 저는 그 이유를 이해할 수 없습니다. 이상입니다.

　김딴지 변호사의 말이 끝나기가 무섭게 이대로 변호사가 흥분한
표정으로 탁자를 탁! 치고 일어났다.

이대로 변호사　　현명하신 판사님, 그리고 배심원과 방청객 여러분!
사기꾼 같은 김딴지 변호사의 말에 속지 마시고 이제부터는 저의 변
론을 잘 들어 보시기 바랍니다.
　피고, 피고가 재위 1년에 세운 동명왕묘는 누구를 위해 세운 것입
니까?
온조　　그야 당연히 나의 친아버지이자 고구려의 건국 시조이신 고
주몽을 위해 세웠지요.
이대로 변호사　　상식적으로 생각할 때 북부여, 동부여, 졸본 부여,
고구려, 백제가 건국 시조로 똑같이 북부여의 동명왕을 사당에 모실
수 있다고 봅니까?
온조　　그럴 수 없지요. 제 생각에 북부여는 동명왕을 제사 지냈던
것이 분명하고, 동부여는 해부루를 제사 지냈을 것으로 생각됩니다.
졸본 부여는 저도 잘 모르겠고요. 무엇보다 백제는 나의 친아버지
고주몽을 동명 성왕이라 하여 동명왕묘를 세우고 제사를 지냈습니
다. 그것이 자식 된 도리가 아니겠습니까?
이대로 변호사　　동명왕묘에서 고구려를 건국한 고주몽을 제사 지
낸 게 확실하군요. 존경하는 판사님! 피고의 증언을 뒷받침하기 위

해 『삼국사기』를 저술한 김부식을 증인으로 모시고 싶으니 허락해 주시기 바랍니다.

판사   좋습니다. 증인은 증인석으로 나와 선서해 주세요.

김부식   나 김부식은 한국 최초의 역사서인 『삼국사기』를 집필한 사람으로 오직 진실만을 말할 것을 엄숙히 맹세합니다.

이대로 변호사   증인, 동명왕묘가 고구려의 시조 고주몽을 제사 지내기 위한 사당이었다는 점을 증명해 주시겠습니까?

김부식   비류는 잘 모르겠으나 온조는 확실히 고구려 계승 의식을 가지고 있었습니다. 즉 온조는 고주몽이 세운 고구려를 부모의 나라로 여겼고 자신이 세운 십제도 고구려를 계승한 국가로 생각하고 있었지요. 온조가 비록 졸본 부여 출신이기는 하나, 그는 자신의 친아버지가 고구려를 건국한 고주몽이라고 생각했습니다. 더구나 그는 고구려 태자 자리에 오를 1순위 후보였기 때문에 더더욱 강한 고구려 계승 의식을 가지고 있었던 것 같습니다.

이때 얼굴이 벌겋게 달아오른 김딴지 변호사가 증인을 맹비난할 기세로 말을 시작했다.

김딴지 변호사   존경하는 판사님, 지금 증인은 자신이 저지른 역사 왜곡의 죄를 피해 보고자 거짓 증언을 하고 있습니다. 증인은 백제 역사의 위상을 깎아내리고 신라 역사를 우월하게 쓰기 위해 온조가 지니고 있었던 북부여 계승 의식을 고구려 계승 의식으로 왜곡해

『삼국사기』를 쓴 것 아닙니까? 그래서 북부여 시조인 동명왕을 제사 지냈던 사실도 철저히 숨겼고요. 증인이야말로 백제의 역사를 초라하게 만들어 버린 장본인입니다!

이대로 변호사　　판사님, 이의 있습니다. 지금 원고 측 변호인은 확실한 증거 자료도 제시하지 않은 채 감정에 휩쓸려 증인이 마치 위증하는 것처럼 몰아가고 있습니다.

판사　　인정합니다. 원고 측 변호인은 확인된 사실로만 변론해 주시기 바랍니다.

김딴지 변호사　　주의하겠습니다. 온조의 '십제'가 비류의 '미추홀 백제'를 통합한 이후 백제국은 북부여 → 졸본 부여 → 백제로 이어지는 역사 계승 의식을 가졌던 것이 확실합니다. 백제 초기에는 고구려를 압도할 정도로 강력한 국가이기도 했고요. 그런데 증인 김부식이 『삼국사기』 「백제본기」를 저술하면서 이러한 백제국의 위상을 의도적으로 깎아내려 비류와 온조가 고구려에서 갈라져 나왔다고 기록해 놓았습니다. 그렇지 않습니까?

김부식　　그게 사실이라니까요. 비류와 온조는 고구려에서 갈라져 나왔고, 특히 초기엔 확실히 고구려 계승 의식이 있었습니다. 백제의 국력이 점차 강해져 고구려를 압도하던 근초고왕 때는 그러한 의식이 희박해졌지만…… 아무튼 온조는 고구려를 계승한다는 의미에서 고주몽의 사당인 동명왕묘를 세운 것이 확실합니다.

김딴지 변호사　　증인은 정말 뻔뻔스럽군요. 백제의 역사를 이처럼 왜곡해 놓고도 아무런 양심의 가책도 느끼지 못하다니…… 한심할 따름입니다.

판사　　어허! 김딴지 변호사, 증인에 대한 인신공격은 삼가 주세요. 동명왕묘가 누구를 제사 지내기 위한 묘였는지에 대한 공방은 이것으로 마무리 짓기로 하고, 시간이 촉박하니까 다음 안건으로 넘어가도록 하지요.

동명왕에 대한 제사

　백제에서 동명왕을 제사 지냈다는 내용은 『삼국사기』에 나와 있지만 그 기록이 너무 짧아서 자세히 알 수는 없습니다. 29년(다루왕 2년) 정월에 시조 동명왕묘에 배알하였다는 것이 최초의 기록이고, 중국 역사책인 『책부원귀』에 의하면 백제는 수도에 시조묘(始祖廟)를 세우고 봄·여름·가을·겨울로 제사 지냈다고 합니다.

　여기서 시조묘란 백제를 건국한 온조의 사당을 가리키는데, 이러한 시조묘에 대한 제사 사례에 비추어 보아, 동명왕의 제사는 백제 국왕이 사계절 중 좋은 날을 택하여 행했다고 추측됩니다.

　또 『삼국사기』 「백제본기」를 보면 백제 왕들이 동명왕묘를 찾은 시기는 즉위한 다음 해가 가장 많았는데요. 백제 왕들은 즉위한 이듬해에 좋은 날을 받아 목욕재계한 후 마음 자세를 정갈히 하고 고위급 신하들과 동명왕묘를 찾았을 겁니다. 그리고 나서 신주 앞에 향을 피우고 큰절을 하는 등의 제사 의식을 행하였을 것으로 생각됩니다. 이때 백제 왕들은 정치를 잘할 수 있도록 동명왕에게 기원했을 것입니다.

개로왕의 죽음

개로왕(蓋鹵王: ?~475)은 백제 제21대 왕으로, 455년 즉위하여 475년에 한강 유역 일대를 고구려에 빼앗기고 살해될 때까지 21년간 재위했습니다. 475년의 일에 대해 『삼국사기』에서는 고구려 장수왕이 간첩으로 파견한 승려 도림의 계략 때문이라고 설명하고 있습니다. 도림은 개로왕이 바둑을 좋아하는 점을 이용해 신임을 얻은 후, 개로왕이 고구려의 침공에 대비할 생각을 잊고 화려한 궁궐을 짓는 등 대규모 토목 공사를 벌이게 함으로써 국력을 피폐시켰다고 하지요.

사실 개로왕은 이전부터 고구려 침공에 대비해 왔는데요. 469년에는 고구려 남부 지역을 선제공격했고, 472년(개로왕 18)에는 북위에 국서를 보내 함께 고구려를 공격하자고 설득했지요. 하지만 당시 대제국으로 발전하고 있던 고구려를 등질 수 없었던 북위의 거부로 실패로 돌아갔습니다.

개로왕은 나제 동맹의 유지와 강화에도 힘썼는데요, 475년에 왕자(이후의 문주왕)를 보내 구원을 요청하자 신라가 군사 1만 명을 파견해 준 것도 이런 동맹 관계가 있었기 때문이지요. 이처럼 고심했지만, 막상 고구려의 침공을 받자 백제는 힘없이 무너집니다. 고구려군 3만 명의 공격에 불과 7일 만에 방어 전선이 무너지고, 몸을 피하던 개로왕은 붙잡혀 참수되고 말지요. 개로왕은 재위 시 왕권 강화를 시도하여 오랫동안 대를 잇던 대귀족들을 배제하면서 왕족 중심의 집권 체제를 만들고 있었는데요, 이것이 백제 내부의 정치적 결속을 와해시켰다고 합니다. 개로왕이 죽은 후 즉위한 문주왕도 대귀족인 해구의 반란으로 권력을 잃고 결국 죽임을 당합니다.

2

온조가 낙랑군을
물리쳤다는 게 사실일까?

김딴지 변호사   이제부터 피고 온조가 얼마나 파렴치하게 자신의 업적을 미화하고 과장했는지를 적나라하게 드러내 보겠습니다.

원고는 낙랑군이 미추홀에 침입하여 교역을 못하게 되자 '미추홀 백제'가 멸망하게 되었다고 했는데요. 궁금한 게 있습니다. 건국 초기에는 미추홀 백제보다도 약했던 온조의 십제가 스스로의 힘으로 강력한 낙랑군의 침입을 막아 낼 수 있었다고 보시나요?

비류   말도 안 되지요. 십제는 낙랑군보다 우세했던 적이 단 한 번도 없습니다. 낙랑군에 의지해 살아가던 **말갈** 군대의 침략을 막기에도 급급했죠.

김딴지 변호사   그러니까 피고는 낙랑 군대와 직접적으로 대결한 적이 한 번도 없다는 말씀이시죠?

말갈
말갈은 만주 북동부에서 한반도 북부에 걸쳐 거주했던 통구스계 민족을 가리킵니다. 중국 주나라 때는 숙신, 한나라 때 읍루라 불렸지요. 말갈은 발해 멸망 이후 요나라 때부터는 여진, 청나라 때는 만주족이라 불렸습니다.

아전인수
아전인수란 '자기 논에 물을 끌어들인다'는 말로 어떤 상황을 자신에게 유리하게 해석한다는 뜻입니다.

비류　　그렇습니다.

김딴지 변호사　　피고는 낙랑군을 무서워했던 것이 분명하군요. 피고가 하북 위례성에서 하남 위례성으로 수도를 옮긴 것도 결국 낙랑군의 침입을 피하기 위해서였고요!

비류　　두말하면 잔소리죠.

이대로 변호사　　판사님, 이의 있습니다. 지금 원고 측은 아전인수(我田引水) 격으로 역사를 해석하고 있습니다. 반대 신문을 할 수 있도록 허락해 주시기 바랍니다.

판사　　원고 측 변론이 끝난 후에 발언 기회를 드리겠습니다. 원고 측 변호인은 계속해 주세요.

김딴지 변호사　　네, 판사님. 피고가 낙랑군과 직접 대결한 적이 없었고 항상 열세에 놓여 있었다는 것을 증명하고자 낙랑군 태수를 증인으로 신청합니다. 불러 주시기 바랍니다.

피고 측 방청석에서 "낙랑군 태수는 꺼져 버려라"라고 고함치는 소리가 격렬하게 들려왔다. 법정 경위는 방청객들의 소란을 잠재우느라 진땀을 뺐다.

판사　　좋습니다. 증인 낙랑군 태수는 증인석으로 나와 선서하세요.

이때 중국 한나라 관복을 입은 남자가 뱃살을 출렁이며 어슬렁어슬렁 걸어 나왔다. 그는 두 눈이 가느다랗게 찢어지고 콧구멍을 벌

름거렸는데 매우 거만해 보였다.

낙랑군 태수　　나는 한나라 낙랑군 태수의 명예를 걸고 진
실만을 말할 것을 선서합니다.

김딴지 변호사　　증인은 자기소개를 간략히 해 주시지요.

낙랑군 태수　　한나라 무제께서는 기원전 108년에 위만 조
선을 멸망시키고 한사군(漢四郡)을 설치했는데, 위만 조선의 수도 평
양성을 포함한 중심지에 낙랑군을 두었소이다. 바로 그 낙랑군을 통
치한 중국인 최고 관리가 바로 나였소. 어험! 나야말로 옛 위만 조선

한사군

기원전 108년에 중국 전한의
무제가 위만 조선을 멸망시키고
그 땅에 설치한 낙랑군, 임둔군,
현도군, 진도군의 네 개 행정 구
역으로 뒷날 고구려에 병합되었
습니다.

지역에서 한나라의 식민 통치를 수행한 권력의 핵심 중 핵심이었소. 우리 낙랑군 태수들은 별 문제 없이 정복지를 잘 다스렸지요.

김딴지 변호사 그렇게 통치하신 지역이 어떻게 됩니까?

낙랑군 태수 통치 지역은 지금의 평안남도와 황해도 일부요. 다스린 인원은 기원전 18년을 기준으로 18성, 6만 1492호, 인구수 25만 7050명이었소. 나는 위만 조선 지역을 간접적으로 통치하면서 고구려와 백제의 성장을 방해하였소이다. 우하하!

낙랑군 태수의 발언이 끝나자 방청석에서는 '우우' 하며 그를 야유하는 소리가 들렸다.

김딴지 변호사 그렇군요. 그렇다면 증인은 혹시 피고가 세운 십제를 알고 있습니까?

낙랑군 태수 알다마다! 온조는 처음부터 겁을 집어먹고 나에게 감히 도전해 오지 못했지요.

김딴지 변호사 도전해 오지 못했다니요? 피고가 낙랑군을 아예 공격할 생각조차 못했다는 말인가요?

낙랑군 태수 그렇다니까요. 그자가 무슨 능력이 있어 나에게 도전했겠습니까?

김딴지 변호사 존경하는 판사님! 방금 낙랑군 태수의 발언을 들으셨지요? 한마디로 피고가 낙랑군을 물리쳤다는 말은 새빨간 거짓말이고 전혀 확인되지 않은 허황된 이야기에 불과합니다.

이대로 변호사　　아닙니다, 판사님! 증인의 말은 믿을 게 못 됩니다. 중국인 관리 아니랄까 봐 우려했던 대로 허황되고 과장된 증언만 골라서 하시는군요. 피고가 당시 상황을 누구보다 정확히 알고 있으니 피고에게 질문할 수 있도록 허락해 주세요.

판사　　좋습니다. 피고는 답변해 주시기 바랍니다.

이대로 변호사　　감사합니다. 피고, 피고는 처음부터 낙랑군과 사이가 안 좋았습니까?

온조　　처음에 나는 낙랑군과 전쟁하는 것을 원치 않았습니다. 미추홀을 통합한 지 얼마 안 되어 주변국들과 평화롭게 지내야 했거든요. 그래서 기원전 15년 8월, 낙랑군 태수에게 사신을 보내 사이좋게 지내자고 했습니다. 하지만 낙랑군 태수는 내 제안을 받아들이지 않았습니다. 우리 백제와는 겉으로만 친한 척하고, 한편으로는 말갈 군사를 움직여 우리를 침범하려고 했습니다. 당연히 화평이 깨질 수밖에요.

이대로 변호사　　원고 측에서는 피고가 낙랑군이 아닌 말갈과 싸운 것이라고 우기는데요. 피고, 낙랑군과 싸웠습니까? 아니면 말갈군과 싸웠습니까?

온조　　나는 국력을 착실히 키워 낙랑 군대와 한번 맞붙고 싶었습니다. 하지만 당장은 그럴 형편이 못 되었어요. 그래서 일단 낙랑군의 용병이나 다름없던 말갈군과 자주 싸웠습니다.

이대로 변호사　　그럼 피고는 대군을 이끌고 낙랑군을 공격하려 했던 적이 없습니까?

온조　　아닙니다. 있었습니다.

이대로 변호사　　자세히 말씀해 주시겠습니까?

온조　　나는 여러 차례 말갈군을 물리친 후 그들을 뒤에서 부추기는 낙랑군 태수를 혼쭐내 주자고 마음먹었습니다. 그래서 기원전 1년 11월(온조왕 18)에 대군을 거느리고 낙랑군의 우두 산성(牛頭山城)을 공격하고자 했습니다.

　　하지만 큰눈이 내려 군대를 되돌리고 말았지요. 만약 그 작전이 성공했더라면 기원전 2년에 낙랑 군대가 쳐들어와 하북 위례성을 불 질렀던 것에 통쾌하게 복수할 수 있었을 텐데…… 무척이나 아쉽습니다.

이대로 변호사　　아, 역사에서 중요하게 다루지 못했던 측면을 말씀해 주셨네요. 제가 보기에는 기원전 1년 백제의 낙랑군 공격이 매우 의미 있었다고 봅니다. 기원전 1년이면 이미 피고가 하북 위례성에서 하남 위례성으로 천도한 이후니까 백제는 더욱 안전해지고 강력해졌다고 봐야 할 것 같습니다. 그리고 이러한 힘을 바탕으로 낙랑군을 공격하려 했다고 보이는데, 피고 생각은 어떻습니까?

온조　　맞습니다. 나는 하남 위례성으로 천도한 후 전열을 정비하여 기원전 1년, 칠중하(七重河)에서 말갈과 싸워 추장 소모를 붙잡았습니다. 그 추장을 마한 국왕에게 전쟁 승리 기념물로 보냈습니다. 그리고 여세를 몰아 그해 11월 낙랑군의 우두 산성을 공격하려 했던 것입니다.

이대로 변호사　　그렇습니다, 판사님. 피고는 낙랑군과 직접적으로

대결을 벌인 적은 없지만 낙랑군 태수의 용병 세력인 말갈을 무려 6회나 격퇴했고, 더 나아가 낙랑군의 영토를 공격하려고 시도했습니다. 이것은 결국 피고의 백제가 낙랑군을 압도할 만한 세력으로 이미 성장했다는 증거가 아닐까요? 아무튼 피고는 낙랑군에게 밀리지 않고 그들의 침입을 그럭저럭 잘 막아 냈습니다. 이상입니다.

김딴지 변호사   판사님, 피고 측 변호인은 지금 역사를 왜곡하는 발언을 하고 있습니다. 온조가 낙랑군의 침입을 막아 냈다니요? 말도 안 되는 소리입니다. 피고는 낙랑 군대와 직접 전투를 벌인 적이 단 한 번도 없습니다.

제가 확실하게 말씀드릴 수 있는 것은 기원전 2년에 낙랑 군대의 침입을 받아 하북 위례성이 홀랑 불타 버렸다는 사실입니다. 저는 피고가 말갈 군대를 격퇴했다는 것도 거의 기적에 가까운 일이라고 생각합니다.

김딴지 변호사의 발언이 끝나자마자 이대로 변호사도 흥분한 표정으로 판사에게 말했다.

이대로 변호사   판사님, 정말 어처구니가 없습니다. 이 신성한 법정에서 계속 위증하는 쪽은 원고 측입니다. 피고는 대백제국의 시조답게 수차례 말갈군의 침략을 방어해 냈고, 기원전 1년에는 대군을 이끌고 낙랑군을 몸소 공격하려고도 했습니다. 이것이야말로 피고가 낙랑군의 침입을 막아 냈다고 볼 수 있는 근거 아닙니까?

판사　피고 측 변호인과 원고 측 변호인 모두 목소리를 낮추세요! 각자 변론하면서 견해 차이가 있더라도 서로 존중하는 태도를 보여야지요. 신성한 법정에서 이게 무슨 태도입니까?

벌써 해가 뉘엿뉘엿 지는데 아직 이야기할 주제가 남았습니다. 피고 온조가 마한을 정복했다는 것이 과연 사실인지 알아보았으면 합니다.

한사군의 중심지, 낙랑군

낙랑군은 기원전 108년 한나라의 무제(武帝)가 위만 조선을 멸망시키고 고조선의 중심지에 설치한 행정 구역 중 하나입니다. 기원전 108년에서 기원전 107년에 걸쳐 위만 조선의 옛 땅에 설치한 4개의 행정 구역을 한사군(漢四郡) 혹은 한군현(漢郡縣)이라고 합니다. 낙랑군은 평안남도 대부분과 황해도 일부에 걸쳐 있었습니다. 설치 당시의 속현(屬縣)은 조선(朝鮮), 패수(浿水) 등 11현이었다고 합니다.

낙랑군은 한나라 소제 때인 기원전 82년 진번군을 병합하였고, 기원전 75년에는 임둔군을 병합하였습니다. 그러나 238년에 공손 씨가 위에게 멸망당한 뒤 현도군, 대방군과 함께 위나라 유주자사에 속하게 되었습니다. 그리고 위나라가 서진에 의해 멸망한 후에는 서진의 유주자사에 속하게 되었지요.

당나라 때 펴낸 진나라의 정사(正史) 『진서(晉書)』에 따르면 이 당시 낙랑군은 강성해진 고구려에 세력을 빼앗겨 그 영토와 인구가 이전보다 현저히 축소되었음을 알 수 있습니다. 그리고 마침내 313년 고구려 미천왕이 낙랑군을 공략해서 함락시킴으로써 한사군이 설치된 지 421년 만에 중국의 지배에서 완전히 벗어나 우리의 국토로 회복되었지요.

3

온조는 마한을
정복했을까?

김딴지 변호사　존경하는 판사님, 그리고 배심원과 방청객 여러분! 피고는 자신이 마한까지 정복했다고 주장하고 있는데요, 이러한 주장이 사실이 아님을 증명해 보이겠습니다. 원고, 온조의 십제는 초창기에 낙랑군과 사이가 어떠했습니까?

비류　내가 미추홀에 백제를 세웠을 때는 마한 연맹체 54개 국가 중 하나였기 때문에 당연히 마한 연맹체의 우두머리인 목지국(目支國) 왕에게 충성할 수밖에 없었습니다. 특히 마한과의 교역으로 먹고살 수밖에 없었던 우리로서는 어쩔 수 없는 상황이었지요. 온조가 세운 십제도 마찬가지였습니다. 목지국 왕의 허락하에 하북 위례성에서 거주할 수 있었지요. 정리하면, 초창기에 십제와 마한의 관계는 마한이 주군이 되고 십제가 신하가 되는 상하 관계였다고 할 수

있습니다.

김딴지 변호사　　그렇다면 원고의 미추홀 백제나 피고의 십제보다 마한 목지국의 국력이 더 강했다는 말씀인가요?

비류　　적어도 초창기에는 그랬습니다. 우린 모두 마한 목지국 왕의 명령에 복종하였고 목지국과 전쟁하는 일도 당연히 없었지요. 이런 관계로 지내다가 온조가 내가 세운 미추홀 백제를 통합한 후 힘을 기르게 되자 마한 연맹체의 우두머리였던 목지국에 도전장을 내

　　왜 온조는 백제를 세웠을까?

밀었습니다.

김딴지 변호사　그게 바로 핵심이군요. 원고의 세력을 흡수해 통합 백제를 이루고 나서야 비로소 온조는 힘을 떨칠 정도가 되었다는 말씀이시지요?

그렇다면 피고가 8~9년에 마한을 공격하여 마한 소국 54개를 모두 정벌했다는 것도 정황상 사실이 아닐 것 같은데요.

비류　물론 아닙니다. 온조가 우리 세력을 통합한 후 아무리 급성장했다 하더라도 고작 2년 만에 모든 마한 소국들을 정복했다는 건 불가능한 일이라고 봅니다. 또한 목지국의 왕족들이 남쪽으로 내려가 목지국을 계승하고 새로이 마한을 만들었는데, 이들 또한 줄기차게 백제에 대항하던 상황이었습니다.

김딴지 변호사　그렇다면 피고가 마한 54개국을 모두 정복했다는 것은 분명 사실이 아닌데, 왜 자꾸 피고는 9년에 마한을 완전히 정복했다고 주장할까요?

비류　그거야 온조가 자신의 업적을 높이기 위해 역사에 없는 사실을 과장한 게 아닐까요?

김딴지 변호사　바로 그렇습니다, 판사님. 만약 피고 온조의 주장이 사실이어서 ▶9년에 마한이 모두 멸망했다면 어째서 한참 후인 근초고왕 때 마한을 모두 정복했다는 기록이 다시 등장할 수 있을까요? 이미 정복을 한 상태라면 말입니다.

따라서 온조가 마한의 맹주국이었던 목지국을 정복한

교과서에는

▶ 백제는 4세기 후반 근초고왕 때 전성기를 맞았습니다. 왕위의 부자 상속이 이루어졌고, 마한 전 지역을 확보하였으며, 북으로는 고구려와 대립하였습니다.

것이 마치 마한 전체를 장악한 것처럼 기록된 것은 거짓이라고밖에 볼 수 없습니다.

김딴지 변호사가 교과서의 기록을 들어 명쾌하게 반박하자, 비류는 자신이 변호사 선임을 잘했다는 듯이 흐뭇한 미소를 머금었다.

김딴지 변호사　　존경하는 판사님! 피고가 정복했다는 마한은 실제로는 목지국과 몇몇 소국에 불과합니다. 그런데도 온조는 자신이 마한 전역을 지배한 정복 군주였다고 호들갑을 떨고 있습니다. 마한 전 지역을 정복한 게 사실이라면 왜 목지국 왕이 남하하여 익산에 금마국을 세우고 마한을 재건했다는 기록이 남았겠습니까? 피고 온조는 계속해서 위증을 하고 있는 것 같습니다.

이대로 변호사　　위증이라뇨? 신성한 법정에서 말도 안 됩니다. 제가 보기엔 오히려 원고 측 변호인과 원고가 서로 짜 맞추기식 역사 해석을 하고 있습니다. 한마디로 허점투성이 변론이라고 할 수 있지요.

제가 직접 피고에게 마한 정복에 관한 당시 상황을 묻겠습니다. 피고, 피고는 언제 마한과 외교 관계를 맺었습니까? 그리고 마한과 관계를 맺은 이유는 무엇입니까?

온조　　그러니까 그게 기원전 9년일 거예요. 사냥을 나갔다가 기이한 사슴을 잡았는데 그것을 마한 목지국에 보낸 일이 있습니다. 평화 관계를 수립하기 위해서였죠. 당시 북쪽에서는 낙랑군과 말갈이 서로 짜고 우리의 하북 위례성을 노리고 있었기 때문에 위기의식을 느끼고 일단 마한 목지국과 평화 관계를 맺는 것이 시급하다고 생각했습니다. 그래서 목지국 왕에게 선물을 보내 나의 이러한 의지를 보여 주었던 것입니다.

이대로 변호사　음. 그렇다면 계속해서 평화 관계를 유지하지 않고 마한 목지국을 공격하고자 한 것은 무슨 이유에서였습니까?

온조　하북 위례성보다 안전한 하남 위례성으로 천도한 직후 인구가 크게 늘고 산업도 융성하게 되었습니다. 게다가 말갈 군대의 침입마저 물리치고 나자 나는 마한 목지국에 대한 공격에도 자신감을 갖게 되었습니다.

이대로 변호사　그런데 피고, 원고 측에서는 피고가 마한 전체를 정복한 게 아니라고 하는데요. 그렇다면 당사자 입장에서는 『삼국사기』「백제본기」 온조왕 27년조에서 온조가 마한 전체를 정복하였다고 기록한 것을 어떻게 보시나요? 기록이 잘못된 것인가요, 아니면 다른 속뜻이 있나요?

온조　내가 즉위한 지 27년 되던 해, 즉 9년에 마한을 정복했다고 기록한 것은 마한 54개 국가를 모두 백제 영토로 삼았다는 의미가 아니라 목지국을 비롯한 마한의 심장부를 장악해서 그들을 백제국 안에 포함시키고 백제국의 위용을 크게 떨쳤다는 의미로 해석해야 할 것입니다.

이대로 변호사　그렇다면 마한 전체를 정복한 것은 아니지만 적어도 마한 연맹체를 분열시켰다는 의미로 해석해도 되는지요?

온조　바로 그렇습니다.

이대로 변호사　　　지금까지 증언해 주느라 애쓰셨습니다. 존경하는 판사님, 배심원과 방청객 여러분! 방금 피고의 열정 어린 증언을 듣고 무엇을 느끼셨나요? 피고야말로 마한을 무자비하게 진압한 정복 군주가 아니라 마한을 너그럽게 포용한 위대한 백제 국왕이라고 생각되지 않으십니까? 아마 다들 그렇게 생각하고 계시리라 믿습니다. 저의 변론은 여기까지입니다.

판사　　　피고 측 변호인의 발언을 끝으로 3차 심리도 이제 갈무리해야 할 듯싶습니다. 오늘 심리에서는 피고가 제사 지낸 대상이 누구였는지, 피고가 이끄는 백제가 과연 낙랑군을 물리쳤고 마한을 정복했는지 알아보았습니다. 저와 배심원단은 양측 주장을 심사숙고한 후 판결을 내리겠습니다. 잠시 휴정한 후 원고와 피고의 최후 진술을 듣고 오늘 재판을 마치겠습니다.

마한의 우두머리, 목지국

마한은 기원전 1세기~3세기에 경기도, 충청도, 전라도 지방에 존재하였던 54개의 소국들을 가리킵니다. 중국의 진수가 쓴 『삼국지』「위지동이전」에 따르면 마한 54소국은 큰 나라가 1만여 가(家), 작은 나라가 수천 가로 모두 합하면 10여만 호(戶)였다고 합니다. 각 소국에는 우두머리가 있었는데, 세력이 크고 작음에 따라 신지(臣智), 읍차(邑借) 등으로 불렸지요.

마한 54국의 이름은 다음과 같아요. 감해국(感奚國), 감해비리국(監奚卑離國), 건마국(乾馬國), 고랍국(古臘國), 고리국(古離國), 고비리국(古卑離國), 고원국(古爰國), 고탄자국(古誕者國), 고포국(古蒲國), 구로국(狗盧國), 구사오단국(臼斯烏旦國), 구소국(狗素國), 구해국(狗奚國), 내비리국(內卑離國), 노람국(怒藍國), 대석삭국(大石索國), 막로국(莫盧國), 만로국(萬盧國), 모로비리국(牟盧卑離國), 모수국(牟水國), 목지국(目支國), 백제국(伯濟國), 벽비리국(辟卑離國), 불미국(不彌國), 불사분사국(不斯濆邪國), 불운국(不雲國), 비리국(卑離國), 비미국(卑彌國), 사로국(駟盧國), 상외국(桑外國), 소석삭국(小石索國), 소위건국(素謂乾國), 속로불사국(速盧不斯國), 신분활국(臣濆活國), 신소도국(臣蘇塗國), 신운신국(臣雲新國), 신흔국(臣釁國), 아림국(兒林國), 여래비리국(如來卑離國), 염로국(冉路國), 우휴모탁국(優休牟涿國), 원양국(爰襄國), 원지국(爰池國), 일난국(一難國), 일리국(一離國), 일화국(日華國), 임소반국(臨素半國), 자리모로국(咨離牟盧國), 지반국(支半國), 지침국(支侵國), 첩로국(捷盧國), 초리국(楚離國), 초산도비리국(楚山塗卑離國), 치리국국(致利鞠國). 이 중 백제국(伯濟國)이 바로 온조가 세운 백제국(百濟國)이랍니다.

목지국은 마한의 중심 국가로『삼국지』「위지동이전」에는 '월지국(月支國)'으로 기록되어 있기도 합니다. 목지국의 우두머리를 진왕(辰王)이라고 했는데 이것은 진국(辰國)의 왕이라는 뜻이지요. 목지국 왕은 세력이 가장 큰 자로서 마한 연맹 54국 가운데 맹주(盟主)의 위치에 있었다고 볼 수 있습니다.

다알지 기자

비류 대 온조의 마지막 심리가 방금 끝났지요.
오늘 심리에서는 '과연 온조가 백제를 강하게 만들었
는가'에 초점을 맞춰 양측이 치열한 논쟁을 벌였는데요.
원고 측에서는 피고 온조의 정통성과 업적이 조작되었다고 시종일관
주장하였습니다. 즉 피고 온조는 부모가 누군지도 모르고, 낙랑군을
물리친 적이 없으며, 마한을 공격하여 마한 54소국을 모두 정벌했다는
것도 사실이 아니라는 것이지요. 이에 피고 측에서는 낙랑군과 직접
대결을 벌인 적은 없지만 낙랑군의 용병 세력인 말갈을 무려 6회나 격
퇴시켰고 나아가 낙랑군의 영토를 공격하려 했으므로 결국 낙랑군을
압도할 만큼의 세력으로 이미 성장해 있었던 거라고 반박했습니다. 또
마한 전체를 정복한 것은 아니지만 마한의 심장부인 목지국을 장악하
여 백제국에 병합하는 등 마한 연맹체를 분열시키는 데 크게 기여했다
고 주장했는데요. 앗, 저기 김딴지 변호사와 이대로 변호사가 법정 문
을 나서고 있군요. 오늘 심리에 대한 소감을 물어보도록 하겠습니다.

김딴지 변호사

　시간상 말하지 못한 것들이 꽤 많은데요. 우선 백제 초기 국왕들 중에서 다루왕, 기루왕, 개루왕은 모두 비류의 후손이라는 점을 말씀드리고 싶습니다. 모두 '루'자가 들어가는 왕들이죠. 이들은 백제국의 대신 해루처럼 모두 해씨 성을 가진 비류 계통이라고 보아도 무방합니다. 한편 온조는 통합 백제의 시조였지만 그 부인, 곧 왕후가 누구인지도 모릅니다. 왕후가 아예 등장하지 않으니까요. 또 온조가 말갈 군대를 몇 번 물리친 것을 가지고 낙랑군의 침입을 막아 냈다고 억지를 부리는데, 맹세코 온조는 낙랑군과 단 한 번도 맞붙어 싸운 적이 없습니다. 그가 낙랑군을 물리쳤다고 말하려면 그들과 싸워 이겼어야 되는 것 아닌가요?

이대로 변호사

원고 측 주장과는 달리, 온조왕의 십제가 하남 위례성으로 천도하고 백제국으로 성장한 뒤 낙랑군은 더 이상 쳐들어오지 못했습니다. 이것이 무엇을 의미하겠습니까? 낙랑군이 감히 국력이 강성해진 백제국을 업신여길 수 없는 상황이 되었다는 것 아닐까요? 하남 위례성으로 도읍을 옮긴 백제는 오히려 낙랑군을 침공할 기회를 엿보았습니다. 또 온조왕이 마한을 정복했다고 하는 것은 마한의 중심부를 모두 장악했다는 의미예요. 마한 목지국 왕과 많은 신하들을 모두 살려 줌으로써 온조왕의 관용과 포용을 보여 준 일이기도 하지요.

왜 온조는 백제를 세웠을까?

온조가 백제 시조라는 주장은 조작된 것입니다
vs
저는 고구려를 계승한 백제의 시조가 맞습니다

판사　이제 3차에 걸친 법정 공방은 모두 끝이 났고 최후 진술만 남았습니다. 자, 마지막으로 원고와 피고의 진술을 들어 볼까요? 원고와 피고는 할 말을 잘 정리하여 말씀해 주시기 바랍니다. 그러면 먼저 원고부터 말씀해 주세요.

비류　일단 나를 변호해 주신 김딴지 변호사께 고맙다는 인사 말씀을 드리겠습니다. 현명하신 판사님의 매끄러운 재판 진행에도 감사드립니다. 내가 이번에 소송을 건 이유는 내 동생 온조를 흠집 내거나 모독하기 위해서가 아닙니다. 단지 있는 사실 그대로를 밝히고 싶었을 뿐입니다.

　내 아버지는 북부여 왕 해부루의 후손인 우태이시고, 어머니는 졸본 부여 사람 연타발의 딸인 소서노이십니다. 아버지가 돌아가신 후 어머니 소서노가 고주몽과 재혼하셨으니, 나는 졸본 부여 출신으로서 졸본 부여의 왕이 되거나 의붓아버지 고주몽을 이어 고구려 국왕이 되었어야 했습니다. 그러나 동부여에서 고구려로 내려온 유리에게 고구려 태자 자리를 빼앗기게 되자 동생 온조, 백가와 함께 어머니 소서노를 모시고 망망대해를 건너 미추홀에 도착했습니다. 정말이지 수백 척의 배에 백가를 태우고 새로운 이상향을 찾아 서해 바다를 건넜을 때는 가슴이 뭉클했습니다. 그리고 감동에 젖어 눈물을 흘렸습니다. 또 나는 이렇게 속삭였죠.

'아! 새로운 곳은 과연 어떤 곳일까? 우리 졸본 부여 사람들이 지상 낙원을 건설할 수 있을까?'

새롭게 도착한 미추홀은 우리 졸본 부여 사람들이 해상 무역으로 부자가 될 수 있는 곳이었습니다. 주저 없이 나는 미추홀에서 백제를 세웠고, 시조묘를 세워 북부여 시조이신 동명왕을 제사 지냈습니다. 그러므로 나는 백제를 건국한 시조가 맞고, 북부여 → 졸본 부여 → 미추홀 백제로 이어지는 역사 계승 의식을 가지고 있으며, 백제라는 나라 이름에도 자부심을 가졌습니다. 나는 이렇게 생각했어요.

'수많은 부여인들이 바다를 건너왔으므로 백제라 한다!'

그런데 내 동생 온조는 나를 시기하고 질투하여 십신을 데리고 아리수 북쪽으로 옮겨 가 십제를 세웠습니다. 하지만 나라를 세운 초창기에는 형편이 너무 어려워 우리 미추홀 백제의 경제적 도움을 받아야 했지요.

그렇게 형편이 넉넉하여 도움을 베풀었던 저희 미추홀 백제는 낙

왜 온조는 백제를 세웠을까?

랑군의 침입과 해상 무역의 봉쇄로 무너지고 말았습니다. 나는 결국 미추홀 백제를 내 아우 온조의 십제에게 바치고 투항하고 말았지요. 비록 동생에게 얹혀사는 처지가 되긴 했지만, 온조에게 국가 이름을 내가 이전에 쓰던 백제로 하자고 제안했습니다. 이에 온조는 백제를 정식 국호로 확정했고 미추홀 백성들을 하남 위례성 북부에 거주하게 했습니다. 북부 출신들은 백제국에서 강력한 권력과 높은 지위를 누렸는데, 이것은 모두 내가 노력한 결과였습니다.

이렇듯 '원조 백제 시조'인 내가 '통합 백제 시조'인 온조에게 커다란 도움을 준 것이 분명한데도, 역사에는 이러한 사실조차 전해지지 않고 오히려 나를 묻어 버리려 하고 있습니다. 나는 매우 억울하고

분합니다. 온조가 백제 시조라는 것은 후대의 역사가들에 의해 조작된 것입니다!

온조　나는 구차하게 이런저런 변명을 하지 않겠습니다. 단도직입적으로 말하겠습니다. 나는 고구려를 계승한 백제의 시조가 맞습니다. 내 아버지는 졸본 부여에서 고구려를 건국한 고주몽이시고, 어머니는 졸본 부여 왕의 둘째 딸인 월군녀이십니다. 그리고 내가 고구려를 떠난 것은 유리에게 고구려 태자 자리를 양보했기 때문입니다. 유리는 아버지 고주몽의 첫째 부인에게서 태어난 첫째 아들이었기 때문에 태자에 오를 자격 1순위였지요. 그래서 나는 오간, 마려 등 십신을 거느리고 육로로 내려와 북한산 일대에 하북 위례성을 세우고 십제를 건국했습니다. 나중에 하남 위례성으로 천도한 후 미추홀 소국을 병합하고 나서 백제라고 나라 이름을 고쳤고요. 고구려를 계승하여 백제를 세운 큰 뜻은 항상 내 마음을 설레게 했습니다.

'십제가 미추홀을 병합하여 영토가 커지고 국력이 강해졌으므로 백제라 한다.'

나는 십제로 출발했지만 미추홀을 병합하여 백제국을 세웠습니다. 내가 진정한 백제 시조인 것이지요. 이것이야말로 불변하는 역사적 사실입니다. 또 나는 국가 시조로서 마땅히 동명왕, 곧 고주몽 님을 제사 지냈습니다.

강대한 백제국은 낙랑군과 말갈의 침입을 물리치고, 결국 강력한 목지국을 중심으로 하는 마한 연맹체도 분열시킬 수 있었습니다. 이것이야말로 나의 위대한 업적이 아니고 무엇이겠습니까? 나는 죽을 때까지 항상 마음속 깊이 간직한 소원이 있었습니다.

'이 내 몸은 비록 고구려에서 쫓겨났지만 내가 세운 백제가 대륙의 고구려보다 더 강한 해양 강국, 농업 강국, 문화 강국이 될 그날이 반드시 오게 하리라!'

이러한 큰 이상과 꿈을 가졌던 나의 참뜻을 존경하는 판사님과 여러 배심원 여러분께서 잘 헤아려 주시기 바랍니다. 이상으로 진술을 마치겠습니다. 감사합니다.

판사 지금까지 3차에 걸쳐 원고와 피고, 그리고 증인들의 진술을 잘 들어 보았습니다. 이번 재판에 함께해 주신 배심원의 판결서는 4주 후 나에게 전달될 예정입니다. 배심원의 판결 결과는 공개되지 않으며, 법관의 판결은 배심원의 의견에 구속되지 않습니다. 즉 배심원의 의견은 참고 사항일 뿐 이를 법관이 절대적으로 따라야 하는 것은 아닙니다. 나는 단지 배심원의 판결서를 참고하여 판결을 내리고 판결서를 공개하겠습니다, 그때까지 여러분도 이 사건에 대해 바른 판결을 내려 보시기 바랍니다.

땅, 땅, 땅!

역사공화국 한국사법정 재판 번호 03 비류 vs 온조

주문

---

1. 온조의 친부모는 고주몽과 월군녀가 아닐 수 있다.
2. 비류가 바다를 건너와 건국한 미추홀 소국은 부여계 이주민의 최초 정착 항구였다.
3. 온조가 세운 십제가 미추홀을 통합하고 백제로 성장해서 수백 년 간 유지되었으므로 온조는 백제 시조로 추앙될 자격이 충분하다.
4. 온조는 낙랑군과 말갈의 침입을 스스로의 힘으로 물리쳤고 마한 중심부를 정복했다는 점이 인정된다.

판결 이유

　첫째, 원고 비류의 발언과 원고 측 증인 우태, 소서노의 증언을 들어 보았을 때 원고의 아버지는 우태, 어머니는 소서노임이 분명하다고 판 단된다. 그러나 고구려 계승 의식이 있는 피고 온조는 이것을 완강하 게 부정하였다. 그러므로 본 법정은 친자 확인을 위해 온조의 DNA가 고주몽의 DNA와 일치하는지 유전자 검사를 요청하는 바이며, 유전자 검사가 일치할 경우에만 온조의 주장을 받아들일 수 있다.

　둘째, 백제 초기 비류 계통의 역사와 온조 계통의 역사를 별개로 파

악할 필요가 있다고 생각된다. 비류 계통의 역사는 현재 인천 지역인 미추홀을 중심으로 한강, 임진강 하류 지역에서 이뤄졌고, 그곳이 부여 계통의 이주민이 제일 처음 정착한 항구였음을 인정하는 바다.

셋째, 원고는 자신이 '원조 백제 시조'이고 피고 온조는 '통합 백제 시조'에 불과하다고 주장하였다. 그러나 온조의 십제가 비류의 미추홀을 통합하여 백제라는 국가 이름을 최종적으로 확정 지은 만큼 온조를 원조 백제 시조라고 보아도 무방하다. 설령 원고가 백제라는 국호를 사용했더라도 그 기간이 매우 짧고, 미추홀이 십제에 통합된 후 백제로 발전하여 수백 년을 이어 갔으니, 온조를 정당한 백제 시조로 보는 데 무리가 없다고 판단된다.

마지막으로 원고 측은 피고 측이 낙랑군을 방어하기에 급급했고 마한 또한 정복하지 못했다고 주장하였으나, 온조가 낙랑군의 용병 세력인 말갈을 6회나 물리쳤고 낙랑군 공격을 계획했으니 낙랑군에 대해서 자주적으로 대항했다고 볼 수 있다. 또한 피고 온조는 마한 연맹체의 우두머리 격인 목지국과 주변 소국들을 복속시켜 백제국의 위용을 높였다고 판단된다. 이러한 과정을 종합적으로 판단해 볼 때 온조는 한성 백제의 초석을 다진 뛰어난 건국 시조로 평가될 수 있다.

역사공화국 한국사법정 담당 판사 공정한

"왕건과 그 참모들을 상대로
소송을 제기하겠다는 건가요?"

여기는 김딴지 변호사의 허름한 사무실. 책상에는 이번 재판에 쓰였던 서류 뭉치가 선풍기 바람에 너저분히 나뒹굴고, 과로에 지친 듯 어느새 곯아떨어진 김딴지 변호사. 이때 갑자기 휴대폰이 울렸다.

'따라라라~ 라라라~ 따라라라~ 라라라~.'

"음, 여보세요. 김딴지입니……."

말이 끝나기도 전에 뭐가 그리 급한지 휴대폰 너머로 쩌렁쩌렁한 목소리가 울려 퍼졌다.

"나는 진훤(眞萱)이라고 하오. 후백제를 세운 사람이지요. 지난번 재판에서 당신이 비류를 변호하던데…… 인상 깊게 봤습니다. 변호하는 수준이 제법이더군요. 하지만 아쉬운 점도 있었어요. 바로 후백제의 건국자인 나 진훤을 증인으로 부르지 않았다는 것이지요."

김딴지 변호사는 누군가가 견훤을 사칭하여 장난을 치는 게 아닌가 하는 생각이 들었다.

"뭐라고요? 당신이 후백제 왕이라고요? 내가 알기로 후백제 왕은 견훤(甄萱)인데…… 그것 참 이상하네요. 그리고 내가 당신을 증인으로 부르지 않아서 아쉬웠다고요? 왜죠?"

"나는 견훤이자 진훤입니다. 하지만 본래 이름은 진훤이지요. 견훤은 나의 또 다른 이름에 불과합니다. 남들은 나를 글자 하나 모르는 무식한 경상도 농민 출신으로 알고 있습니다. 그리고 신라 경애왕을 죽인 반역자라고 떠들어 대지요. 대부분의 역사책에서도 나를 나쁘게 묘사하고 있고요. 그러나 나의 혈통은 백제 의자왕의 먼 후손이거나 백제 8대 귀족 중 하나인 진씨(眞氏)라고 들어 왔답니다. 의자왕은 다 알다시피 백제의 마지막 임금이고, 진씨는 대표적인 백제의 왕비족이었죠. 내가 이번 법정에 섰더라면 온조와 비류 모두 나를 자기 편 증인으로 세워 유리한 증언을 얻고자 했을 거예요."

"그래요? 미처 생각지 못했군요. 안타깝습니다. 그런데 나한테 전화를 건 목적은 무엇인지……."

"일단 만나서 이야기하도록 합시다. 내일 오후가 어떨까요?"

다음 날 정말로 진훤이라는 인물이 김딴지 변호사 사무실을 찾아왔다. 눈매가 매섭고 풍채가 좋은 사나이였다. 김딴지 변호사는 그의 위엄에 눌려 경외심마저 생겼다.

"직접 뵈니 기대했던 대로 역시 영특하게 생겼군요. 외모부터 마음에 듭니다그려. 내가 김 변호사님을 찾아온 까닭은 다름이 아니

라…… 일단 내가 후백제를 건국하게 된 까닭부터 말하겠습니다. 그
것은 통일신라 왕국을 거덜내기 위해서가 아니고, 어디까지나 저의
혈통이 과거 백제국과 연관이 있다는 점을 증명하기 위해서였습니
다. 그런데 후삼국을 통일한 왕건과 그의 참모들이 나를 역사의 악
인, 반역자, 배신자, 패륜아 등으로 몰아가 정말 억울합니다."

"음. 그렇다면 왕건과 그 참모들을 상대로 소송을 제기하겠다는
건가요?"

"나는 후삼국 통일 전쟁 당시 왕건을 위해 가장 앞에서 싸우겠다

고 자원했지요. 내가 직접 나간 일리천 전투에서 후백제군을 설득하여 별 어려움 없이 항복을 받아 낼 수 있었어요. 덕분에 왕건은 어부지리로 후삼국을 통일했답니다."

"그렇다면 왕건의 후삼국 통일에는 진훤 씨의 도움이 결정적이었군요."

"그렇지요. 그런데 이런 나의 업적은 온데간데없고, 내가 악인에 반역자라뇨? 말도 안 됩니다. 이건 모두 왕건을 따르는 무리들이 조작한 거예요. 나는 그들 모두를 법정에 세우고 싶어요!"

"하지만 진훤 씨, 소송은 그리 간단한 게 아니에요. 팔자 하소연하는 곳이 아니라는 거죠. 당신이 확실하게 내세울 수 있는 증거가 있어야 합니다."

"나는 번번이 왕건을 물리치며 후삼국을 거의 통일시킬 뻔했다니까요! 비류 대왕님의 평소 소원처럼 후백제를 해양 강국으로 발돋움시켰고, 대규모 선단과 수군을 조직했지요. 그리고 온조 대왕님의 꿈처럼 후백제를 강력한 군사 국가로 탈바꿈시켰습니다. 또한 후삼국 중 제일가는 농업 국가로 만들었지요. 내 아버지 아자개가 고려 편을 들지 않고, 천하에 몹쓸 아들 놈 신검이 내가 왕위를 물려주려고 점찍은 금강만 죽이지 않았더라면 나의 원대한 꿈은 실현되었을 겁니다. 이런 점들 말고도 짚어 볼 것들이 너무 많아요."

확신에 찬 의뢰인의 말에 김딴지 변호사는 조금씩 의심이 걷히고 이번 사건을 맡고 싶다는 생각이 들었다.

"잘 알았습니다. 비류 재판과 관련이 있으면서도 백제에 대해 깊이 알 수 있는 흥미로운 재판이 될 수도 있겠는데요. 좋습니다. 정식으로 이 사건을 맡겠습니다."

"고맙습니다. 이제야 저도 구다라 마을 궁전 제1층에서 영원한 안식을 취할 수 있겠군요. 벌써부터 기대가 됩니다. 부디 저를 위해서, 그리고 백제를 계승한 후백제 왕국의 왜곡되지 않은 역사의 진실을 위해서 성심성의껏 변호해 주시기 바랍니다."

왜 온조는 백제를 세웠을까?

백제의 숨결을 느낄 수 있는
한성백제박물관

　　고대 국가 백제의 첫 수도로서 500년 가까이 자리를 잡았던 위례성,
즉 지금의 서울에 있는 '한성백제박물관'은 2012년 4월 30일에 개관했
습니다. 서울은 풍납 토성과 몽촌 토성, 석촌동 고분군 등 백제의 핵심
유물이 남아 있는 곳으로서 출토된 유물의 수만도 수만여 점에 이릅
니다. 한성백제박물관은 이와 같이 서울에 흩어져 있는 백제의 흔적을
간직하고 또다시 조명하기 위해 개관되었지요.

　　지하 3층, 지상 2층으로 구성된 박물관의 전체적인 외곽은 한강 유
역에서 건국, 발전했던 당시 백제의 대표적 토성인 몽촌 토성의 윤곽
과 함께 바다에 떠 있는 배의 모습을 본떠, 한강과 서해를 통해 주변 국
가와 무역하며 무력을 키워 나간
백제의 모습을 상징하고자 하였
습니다.

박물관 전경

　　지하 1층 로비에 들어서면 제
일 먼저 풍납 토성 성벽 단면 전
시물을 만날 수 있습니다. 밑변
의 길이 43미터, 윗변 13미터, 높
이 10.8미터인 이 전시물은 당시

백제인의 삶과 생각을 읽어 볼 수 있게 하지요. 1층에는 4D용 입체 애니메이션 영화를 볼 수 있는 4D 영상관과 전시실이 있고, 2층에 가면 몽촌 토성이 보이는 하늘정원에서 야외 전시물을 볼 수 있습니다. 특히 1층에 있는 제2전시실에서는 백제 건국과 관련된 전시물을 볼 수 있습니다.

찾아가기 **주소** 서울특별시 송파구 위례성대로 71(방이동88-20 올림픽공원 내)
　　　　 관람 시간 평일 오전 9시~오후 9시
　　　　　　　　　 토요일·일요일·공휴일 오전 9시~오후 7시
　　　　　　　　　 11월~2월 오전 9시~오후 6시
　　　　　　　　　 월요일, 1월 1일 등 휴관
　　　　 문의 02) 2152-5800
　　　　 홈페이지 http://baekjemuseum.seoul.go.kr/

로비의 풍납 토성 성벽

제2전시실에 있는 전시물

『역사공화국 한국사법정 03 왜 온조는 백제를 세웠을까?』와 관련한 논술 문제를 풀어 봅시다.

※ 다음 제시문을 읽고 물음에 답하시오.

(가) 비류와 온조는 고구려의 왕후인 소서노의 첫째 아들과 둘째 아들로 주몽에 이어서 왕위를 이어받을 예정이었습니다. 하지만 고구려는 갑자기 나타난 주몽의 아들 유리 왕자로 인해 혼란에 휩싸입니다. 비류와 온조 왕자는 유리가 뛰어난 무예와 학식을 갖춘 자라는 것을 느끼고 소서노 왕후와 함께 새로운 땅으로 여행을 하기 시작합니다.

(나) 한강 유역으로 내려와 신하들이 모두 한강 남쪽에 자리를 잡자고 권하지만, 아우인 온조와 달리 비류는 바닷가에서 살고 싶었습니다. 그래서 비류는 백성을 나눠 미추홀로 갔는데, 땅이 습하고 물이 짜서 편히 살지 못했습니다.

1. (가)와 (나)를 읽고 비류의 입장이 되어 비류의 마음을 이해하는 편지를 쓰시오.

※ 다음 제시문을 읽고 물음에 답하시오.

(가) 처음 대왕이 부여에서 난을 피해 이곳으로 도망 오셨을 때 우리 어머니께서 재산을 기울여 나라를 세우는 것을 도와 애쓰고 노력함이 많았다. 지금 대왕이 세상을 떠나신 이후 나라가 유리에게 돌아갔으니, 우리가 여기에서 혹처럼 남아 있는 것은 차라리 어머니를 모시고 남쪽으로 가서 좋은 땅을 선택해 도읍을 세우는 것만 같지 못하다.

(나) 이 하남 땅은 북쪽으로 한수(한강)가 띠를 둘렀고, 동쪽으로 높은 산악에 의거했으며, 남쪽은 비옥한 들판이 바라보이고, 서쪽은 큰 바다로 가로막혔으니, 이런 자연적인 요새와 지리는 얻기 어려운 지세입니다. 도읍을 여기에 세우는 것이 어찌 마땅하지 않겠습니까?

2. (가)는 고구려를 떠날 당시 비류나 온조의 말을 추측해 본 것이고, (나)는 위례성에 도읍을 정하기를 주장하는 신하의 말을 추측해 본 것입니다. (가)와 (나)를 읽으며 백제가 건국될 당시를 생각할 때 비류와 온조가 나누어지지 않고 함께 백제를 건국했으면 어떠했을지 생각하여 쓰시오.

왜 온조는 백제를 세웠을까?

해답 1

비류 왕자에게

안녕하세요, 비류 왕자님.

백제의 역사를 배우다 왕자님에 대한 이야기를 알게 되었어요.

정말 험난한 인생을 사신 거 같아 마음이 아팠어요. 당연히 왕이 될 거라고 생각하며 열심히 살았는데 어느 날 갑자기 유리 왕자가 나타나 비류 왕자님이 왕이 되지 못한 일도 있었고, 자신을 믿어 주는 신하들과 새로운 세상에서 잘살고 싶었는데 그것도 뜻대로 안 되었잖아요.

정말 저 같았어도 많이 힘들고 속이 상했을 거예요. 그래도 비류 왕자님, 인생은 '새옹지마'라고 하잖아요. 또 좋은 일이 생길 거예요. 그러니 힘내세요.

20○○년 ○월 ○일

백제의 역사를 배우는 학생 올림

해답 2 『삼국사기』에 전하는 이야기에 따르면 고구려에서 비류와 온조가 어머니인 소서노 왕후를 모시고 내려왔다고 합니다. 그리고 온조는 지금의 서울인 위례성에, 비류는 지금의 인천인 미추홀에 자리를 잡았지요. 서로 터를 잡고자 하는 곳이 달랐기 때문입니다. 그런데 비류가 자신의 주장을 꺾고 위례성에서 어머니, 동생과 함께 백제를 건국했다면 백제의 시조는 온조가 아닌 비류로 기록되었을 것입니다.

*해답은 예시로 제시된 내용입니다.

역사공화국 한국사법정 03

왜 온조는 백제를 세웠을까?

© 강재광, 2010

초   판 1쇄 발행일 2010년 8월 12일
개정판 1쇄 발행일 2014년 2월 19일
개정판 6쇄 발행일 2021년 11월 3일

지은이   강재광
그린이   이남고
펴낸이   정은영

펴낸곳   (주)자음과모음
출판등록   2001년 11월 28일 제2001-000259호
주소   10881 경기도 파주시 회동길 325-20
전화   편집부 (02) 324-2347 경영지원부 (02) 325-6047
팩스   편집부 (02) 324-2348 경영지원부 (02) 2648-1311
이메일   jamoteen@jamobook.com

ISBN 978-89-544-2303-8 (44910)

과학공화국 법정시리즈 (전 50권)

생활 속에서 배우는 기상천외한 수학·과학 교과서!
수학과 과학을 법정에 세워 '원리'를 밝혀낸다!

이 책은 과학공화국에서 일어나는 사건들과 사건을 다루는 법정 공판을 통해 청소년들에게 과학의 재미에 흠뻑 빠져들게 할 수 있는 기회를 제공한다. 우리 생활 속에서 일어날 만한 우스꽝스럽고도 호기심을 자극하는 사건들을 통하여 청소년들이 자연스럽게 과학의 원리를 깨달으면서 동시에 학습에 대한 흥미를 가질 수 있도록 구성하였다.

개정판 + 신판

과학자가 들려주는 과학 이야기 (전 130권)

위대한 과학자들이 한국에 착륙했다!
어려운 이론이 쏙쏙 이해되는 신기한 과학수업,
〈과학자가 들려주는 과학 이야기〉 개정판과 신간 출시!

〈과학자가 들려주는 과학 이야기〉 시리즈는 어렵게만 느껴졌던 위대한 과학 이론을 최고의 과학자를 통해 쉽게 배울 수 있도록 했다. 또한 지적 호기심을 자극하는 흥미로운 실험과 이를 설명하는 이론들을 초등학교, 중학교 학생들의 눈높이에 맞춰 알기 쉽게 설명한 과학 이야기책이다.

특히 추가로 구성한 101~130권에는 청소년들이 좋아하는 동물 행동, 공룡, 식물, 인체 이야기와 최신 이론인 나노 기술, 뇌 과학 이야기 등을 넣어 교육 과정에서 배우고 있는 과학 분야뿐 아니라 최근의 과학 이론에 이르기까지 두루 배울 수 있도록 구성되어 있다.

★ 개정신판 이런 점이 달라졌다! ★

첫째, 기존의 책을 다시 한 번 재정리하여 독자들이 더 쉽게 이해할 수 있게 만들었다.

둘째, 각 수업마다 '만화로 본문 보기'를 두어 각 수업에서 배운 내용을 한 번 더 쉽게 정리하였다.

셋째, 꼭 알아야 할 어려운 용어는 '과학자의 비밀노트'에서 보충 설명하여 독자들의 이해를 도왔다.

넷째, '과학자 소개·과학 연대표·체크, 핵심과학·이슈, 현대 과학·찾아보기'로 구성된 부록을 제공하여 본문 주제와 관련한 다양한 지식을 습득할 수 있도록 하였다.

다섯째, 더욱 세련된 디자인과 일러스트로 독자들이 읽기 편하도록 만들었다.

철학자가 들려주는 철학 이야기 (전 100권)

아이들의 눈높이에 맞춘 철학 동화!
책 읽는 재미와 철학 공부를 자연스럽게 연결한 놀라운 구성!

대부분의 독자들이 어렵게 느끼는 철학을 동화 형식을 이용해 읽기 쉽게 접근한 책이다. 우리의 삶과 세상, 인간관계에 대해 어려서부터 진지하게 느끼고 고민할 수 있도록, 해당 철학 사조와 철학자들의 사상을 최대한 풀어 썼다.

이 시리즈의 가장 큰 장점은 내용과 형식의 조화로, 아이들이 흔히 겪을 수 있는 일상사를 철학 이론으로 해석하고 재미있는 이야기로 담은 것이다. 또한 아이들의 눈높이에 맞는 쉽고 명쾌한 해설인 '철학 돋보기'를 덧붙였으며, 각 권마다 줄거리나 철학자의 사상을 상징적으로 표현한 삽화로 읽는 재미를 더한다. 철학 동화를 이끌어가는 주인공을 형상화하고 내용의 포인트를 상징적으로 표현한 삽화는 아이들의 눈을 즐겁게 만들어준다. 무엇보다 이 시리즈는 철학이 우리 생활 한가운데 들어와 있고, 일상이 곧 철학이라는 사실을 잘 보여준다. 무엇보다 자기 자신을 극복한다는 것, 인간을 사랑한다는 것, 진정한 인간이 된다는 것, 현실과 자기 자신을 긍정한다는 것 등의 의미를 아이들의 시선에서 풀어내고 있다.